教育部人文社会科学研究青年基金项目

基于情报体系的网络舆情应急管理信息平台研究
项目批准号: 15YJCZH039

公共安全与应急管理：
案例与启示

GONGGONG ANQUAN YU
YINGJI GUANLI:
ANLI YU QISHI

方丹辉◎著

人民出版社

责任编辑：杨瑞勇　张双子

图书在版编目（CIP）数据

公共安全与应急管理：案例与启示 / 方丹辉 著 . — 北京：
　人民出版社，2016.11（2020.11 重印）
ISBN 978 – 7 – 01 – 016776 – 3

I. ①公…　II. ①方…　III. ①公共安全 – 安全管理 – 中国　IV. ① D63

中国版本图书馆 CIP 数据核字（2016）第 234774 号

公共安全与应急管理：案例与启示
GONGGONG ANQUAN YU YINGJI GUANLI ANLI YU QISHI

方丹辉 著

人民出版社 出版发行
（100706　北京市东城区隆福寺街 99 号）

北京中科印刷有限公司印刷　新华书店经销

2016 年 11 月第 1 版　2020 年 11 月北京第 2 次印刷
开本：710 毫米 × 1000 毫米 1/16　印张：14.5
字数：200 千字

ISBN 978 – 7 – 01 – 016776 – 3　定价：48.00 元

邮购地址 100706　北京市东城区隆福寺街 99 号
人民东方图书销售中心　电话：（010）65250042　65289539

C目　录
CONTENTS

前　言

　　安全，自古以来就是人类追求的目标之一。安全，是现代人类社会活动的前提和基础，是国家安全和社会稳定的基石，是经济和社会发展的基本条件，是人们安居乐业和幸福生活的源泉。但是，随着经济和社会的发展，危害人类生命财产安全、影响国家安全稳定的各种灾害和突发事件呈现出愈加频繁和非常规化的趋势。从国际上的美国9·11恐怖袭击事件、卡特里娜飓风，到日本阪神大地震，印度洋地震海啸，智利森林火灾；我国的2008年低温雨雪冰冻灾害、四川汶川特大地震、SARS事件，到天津滨海新区爆炸事故和"东方之星"号客船翻船沉事件，越来越频发的国内外突发事件给人类的生活和生存带来了威胁。面对突发事件，人类该如何应对？政府该如何制定反应迅速、正确有效的处置程序？人们该如何化险为夷、开展自救、避免紧急情况下的慌乱和盲目性？灾后恢复工作如何开展？这给各级政府部门和广大的学者提出了巨大的挑战！

　　在我国，由于正处于经济和社会的转型期，生产力水平不平衡，公共安全保障基础薄弱，与经济高速发展的矛盾越来越突出，影响着经济社会全面协调可持续发展。根据中国红十字总会的资料统计，我国近几年年均突发事件高达 120 万起，死亡人数 20 万以上，造成直接损失 3000 亿元人民币以上。公共安全与应急管理已经成为国家公共安全体系极其重要的组成部分，如何正确、及时、有效地预防和应对各类安全与突发事件，是我国全面建设和谐社会必须解决的重大战略问题，是考验执政党和政府执政能力的重大问题。大力发展安全与应急管理学科，创新安全预警与应急联动科技，加快应急产业培育和壮大，对国家和地方的社会与经济发展具有重要的战略意义。

在突发事件的发生机理、演化路径、应急决策等方面，广大学者从技术角度已经进行了很深入的研究，取得了一系列成熟的研究成果。但是，突发事件的管理工作不同于一般的科学研究，具有较强的实践性和可操作性，理论研究成果必须经得起实践的检验。所以本书从案例分析的角度，遴选近年来国内外发生的典型重大突发事件案例 34 个，涉及自然灾害、事故灾难、公共卫生和社会安全等突发事件，旨在通过对突发事件应对措施的评析及总结，分析国内外应急管理的现状及我国应急管理工作的不足，提高人们对应急管理工作的感性认识，为我国应急管理的理论研究及实践提供参考。作者希望通过本书，能够激发更多的人来专门从事公共安全与应急管理领域的应用研究，为相关政府部门和广大学者提供科学实践方面的帮助，为人类的防灾减灾事业添砖加瓦，对人类的幸福生活有所贡献！

绪　论

第一节　突发事件应急管理

一、突发事件

（一）突发事件的内涵

关于"突发事件"一词的定义，学术界有较多说法，其中比较有代表性的是欧洲人权法院提出的"公共紧急状态"概念，即"一种特别的、迫在眉睫的危机或危险局势，影响全体公民，并对整个社会的正常生活构成威胁"。2006年1月8日，国务院发布《国家突发公共事件总体应急预案》，官方对"突发事件"的定义是：突然发生，造成重大人员伤亡、财产损失、生态环境破坏和严重社会危害，危及公共安全的紧急事件。结合各方说法，本书对"突发事件"的界定是：社会生活中事前难以预测、影响范围广泛且对社会公共领域造成严重威胁和危害的公共紧急事件。

（二）突发事件的主要特征

突发事件具有爆发突然、起因复杂、蔓延迅速、危害严重、影响广泛的特点，且极易相互交织，产生连锁反应。具体而言，突发事件有以下特征。

（1）突发性。突发事件发生与否，时间、地点、方式、起因、规模、发展趋势以及影响等情况，难以预测和准确把握，具有极大的偶然性和随机性。突发性是使突发事件在短时间内迅速成为社会焦点和热点的原因，并伴随产生巨大的震撼力和影响力。

（2）复杂性。其一表现在，突发事件的起因复杂。有如地震、台风、沙暴、暴雨等纯自然因素造成的突发事件；有如政治事件、经济事件、军事事件、恐怖事件等人为因素诱发的突发事件；还有自然和人为因素二者共同作用造成的突发事件。其二表现在，突发事件的后果复杂。突发事件极易诱发"多米诺骨牌"效应和涟漪效应，涉及地域广、人员多。

（3）破坏性。突发事件越严重，其破坏性就越大突发事件造成的直接损害有人员伤亡、财产损失和环境破坏等，间接损害表现在对个人和社会心理所留下的冲击和阴影，造成难以消散的社会恐慌。

（4）不确定性和多变性。不确定性和多变性是指突发事件的发生原因、演变方向、影响因素、事故后果等难以准确预测和把握，使得事件的主体——人，在突发事件发生前后无所适从，导致恐慌感和不安全感滋生并蔓延。

（5）信息的有限性。由于突发性事件的突发性、不确定性和多变性，事件信息随着事态的发展而不断演变，各种限制条件使决策者不可能全面、及时、准确掌握和处理信息。

（6）持续性。任何突发事件都要经历潜伏期、爆发期、高潮期、缓解期、消退期五个阶段，是一个缓慢持续的过程。

（7）公共性。突发事件的影响对象一般是社会公众，对公众的生命和财产安全构成威胁；突发事件发生后会迅速传播而引起社会大众的关注，使之成为社会的焦点；同时，突发事件要动用大量的人员和社会资源进行有序的公共组织力量协调。

（三）突发事件分类、分级

《国家突发公共事件总体应急预案》根据突发事件的发生过程、性质和机理将突发事件主要分为以下四类。

（1）自然灾害。主要包括地质灾害、地震灾害、气象灾害、水旱灾害、生物灾害和森林草原火灾等。

（2）事故灾难。主要包括工矿商贸等企业的各种安全事故、交通运输事故、公共设施和设备事故、环境污染和生态破坏事件等。

（3）公共卫生事故。主要包括传染病疫情、群体性不明原因疾病、食品安全和职业危害、动物疫情以及其他严重影响公众健康和生命安全的事件。

（4）社会安全事件。主要包括恐怖袭击事件、经济安全事件和涉外突发事件等。

各类突发事件按照性质、严重程度、可控性和影响范围等因素，一般分为四级：Ⅰ级（特别重大）、Ⅱ级（重大）、Ⅲ级（较大）、Ⅳ级（一般），依次用红色、橙色、黄色和蓝色进行预警和分级管理。根据"重心下移"的分级管理原则，特别严重、严重、较重和一般严重突发事件，分别由发生地省级、市级和县级政府统一领导和协调应急处置工作。

（1）一般严重（Ⅳ级）突发事件，表示其影响局限在社区和基层范围之内，可被县级政府所控制。

（2）较严重（Ⅳ级）突发事件，表示后果严重，影响范围大，发生在一个县以内或波及两个县以上，超出县级政府应对能力，需要动用市级有关部门力量方可控制。

（3）严重（Ⅱ级）突发事件，表示其规模大，后果特别严重，发生在一个市或者是波及两个市以上，需要动用省级有关部门力量方可控制。

（4）特别严重（Ⅰ级）突发事件，表示其规模极大，后果极其严重，其影响超出本省范围，需要动用全省的力量甚至请求中央政府增援和协助方可控制，其应急处置工作由发生地省级政府统一领导和协调，必要时（超出地方处理能力范围或者影响全国的）由国务院统一领导和协调应急处置工作。

（四）突发事件的危害

突发事件一旦发生，无论哪种事件类型和规模，都必然对社会造成不同程度的破坏、混乱、恐慌和损失。况且，突发事件往往伴随连带效应，容易引发次生或衍生事故，导致更大、更广泛的损失和危机。随着当前人口增长、全球气候变迁、生态环境恶化、贫富差距加大、恐怖主义肆虐、国际化和城市化的演变以及日益突出的社会矛盾等复杂因素的存在和相互作用使得各种灾害和危机发生的可能性及导致的损失都大大增加。突发事件的危害突出地表现在：威胁公众生命、财产安全，扰乱正常生活秩序，动荡社会局部，对公众心理造成无法量化的负面效应。

突发事件的危害主要有以下几点。

第一，威胁生命与财产安全。突发事件所造成的最直观损害是生命和财产的损失，间接的损失包括基础设施的损坏，增加的产品和服务成本，增加的债务负担和财政支出、减少储蓄等。

第二，破坏经济环境。突发事件极有可能会引发失业、经济滞胀等负面影响，增加了投资的风险，由此可能导致经济增长的速度下降或停滞，社会发展计划从长期的考虑转到满足近期的需求，即转移到危机的应对和重建方面。

第三，扰乱社会稳定。突发事件可能引发"多米诺骨牌效应"，诱发一系列衍生危机，譬如不少东南亚国家在1998年国际金融危机引发全国经济危机，最终导致了政治和社会危机，致使社会动荡，人心不安。

第四，危及政府形象。突发事件是对国家政治和政府治理的挑战，政府有责任预防灾难事故与事件的发生，但都不可能规避危险。一旦事故超出政府和社会的可控范围对社会公众造成损失，政府将成为公众发泄的对象。另外，不恰当的政策、管理的失误、对危机响应能力的不足、与公众之间沟通的缺乏等皆会造成政府与公众之间的紧张关系，引发政府的信任危机。

第五，危害社会心理。任何影响正常生产、生活等社会秩序的突发事件均会对受害人群以不同程度的负面心理影响，如恐慌、狂躁、麻痹等，将会直接影响并危害到个人和家庭的正常生活，成为社会的不安定因素之一。

二、应急管理

（一）应急管理的定义与活动

应急管理就是为了预防与应对自然灾害、事故灾难、公共卫生事件与社会安全事件，将政府、企业和第三部门的力量有序组织起来而进行的减缓、准备、响应与恢复活动。应急管理包括四个阶段，即减缓（mitigation）、准备（preparedness）、响应（response）、恢复（recovery），分别代表应急管理的四种活动。

减缓（mitigation）是指减少威胁人类生命、财产安全的自然或人为致灾因子，如推行灾害保险、实施建筑标准、规范土地的使用、颁布安全法规等，从而有针对性地降低突发事件发生的可能性，减弱突发事件的影响。

准备（preparedness）是指提高应对各种突发事件的能力，如建立预警系统、成立应急指挥中心、制定应急预案、定期进行灾害救援培训和演练等，居安思危，提高应对水平。

响应（response）是指突发事件发生后采取的以挽救生命、减少损失为目的的行动，如启动应急预案、应急医疗援助、疏散、救援等。

恢复（recovery）既指按照最低运行标准将重要生活支持系统复原的短期行为，也指推动社会生活恢复常态的长期活动。

以上四个阶段是一个闭合的流程，共同构成应急管理的一个生命周期。减缓阶段既是生命周期的开始，也是生命周期的结束，应尽可能在此阶段采取有效措施降低影响公共安全的风险。准备的目的不仅仅是响应，准备阶段的活动及资源也指向预防、减缓与恢复。在传统意义上，准备阶段的投入主要流向形成、保持响应能力，但"增强预防与减缓危机、并从中恢复的能力也需要获取一定的资源"。

（二）应急管理的基本特征

应急管理具备综合性的特征：第一，主体"全参与"，应急管理的主体包括政府、军队、非政府组织、企业和个人等，涵盖社会的各个阶层，是全社会参与的管理行为；第二，客体"全风险"，应急管理的客体包括自然风险、技术风险与人为风险，涵盖了自然灾害、事故灾难、公共卫生事件和社会安全事件四大类事件的全部风险形式；第三，过程"全阶段"，应急管理的过程包括预防、处置和恢复的所有阶段。总而言之，综合性应急管理就是全参与、全风险、全过程的管理。

（三）应急管理的原则

进行应急管理主要目的有两个：一是，将突发事件尽可能消灭于萌芽阶段，即积极预防、有效预警、充分准备；二是，突发事件发生后，实现损失的最小化，即快速响应、妥善处置、迅速恢复。

应急管理要遵循以下原则：预防为主，防救结合；以人为本，生命第一；依靠科学，快速响应；社会动员，全民参与；军民结合，平战结合；安全效益与经济效益兼顾；信息公开，引导舆论。

第二节　国外突发事件应急管理

纵观当今世界发展形势，经济增长、科技进步等文明成果正惠及全球更多地区的人群，人类文明的进步也使挑战和风险悄然增加。频发的突发事件依然威胁着各国人民生命财产安全，带来惨重损失的同时甚至引发部分国家和社会的动荡。突发事件越来越引起各国政府的重视，近年来，为了有效应对突发事件，许多国家把应急管理能力作为重要的政府职能不断予以加强，着重研究突发事件预警预报和应急处置的科学方法，探索建立适合本国国情、民情的应急管理体系，积累了较多有效的经验和做法。

（一）美国

美国在1979年成立联邦紧急事务管理署（Federal Emergency Management Agency，FEMA），由美国消防管理局（United States Fire Administration，USFA）、联邦保险管理局（Federal Insurance Administration，FIA）、美国联邦民防管理局（Federal Civil Defense Administration，FCDA）、联邦灾害救济管理局（Federal Disaster Relief Administration，FDRA）和联邦防务局（Federal Defense Agency，FDA）等合并而成。"9·11"事件以后，美国将应对突发公共事件提升到关乎国家安全的重要地位，成立了美国国土安全部（United States Department of Homeland Security，USDHS），将美国海岸警卫队（United States Coast Guard，USCG）、海关、移民局及联邦紧急事务管理局（FEMA）等22个联邦机构纳入，以保证在紧急情况发生时能迅速、有效应对。政府对突发事件施行4R管理，即减轻（Reduction）、准备（Readiness）、响应（Response）、恢复（Recovery）。当某一方政府不足以应对危机事件时，政府间通常采取横向和纵向两种合作模式：横向合作包括州内地方政府之间、州际、州与邻国；纵向合作包括州政府和地方政府之间，联邦、州和地方政府之间。这种合作模式的中心目标是在必要时倾全州或全国之力应对突发公共事件，将损失降至最低。国家鼓励城市与周边州市、各相邻区县之间在资源、设施、专业人员和服务等领域签订突发事件救援互助协议。为了协助政府在应对突发公共事件时能作出科学的决策，美国建立了许多应对突发公共事件的决策咨询机构，如兰德公司（RAND Corporation）、美国斯坦福国际咨询研究所（Stanford Research Institute International）、哈德森研究所（Hudson Institute），此外还设立了一些企业研究所，如布鲁金斯学会（Brookings Institution）、麦肯锡公司（McKinsey & Company）等，美国还加大在教育方面的投入，以大学和学院为基础，建立了危机和应急管理研究教学机构、训练基地和信息中心。

（1）二战结束前的美国应急管理

在这一阶段，基于美国的战争局势，美国的应急管理包括战时应急与非战时应急，两种应急模式的侧重点不同，战时以应战为主，平时以救灾为主。美国在经历了两次世界大战后，战时应急管理的有效手段为非战时应急管理积累了丰富的经验。

（2）冷战时期的美国应急管理

二战结束后，美苏关系紧张，为了争夺世界霸权展开了长达半个世纪之久的冷战，在此期间，国际安全形势左右美国的应急管理。1979 年，卡特政府为了实现政府应急管理与民防的功能整合成立了联邦应急管理署（FEMA），成为美国应急管理发展史上具有里程碑意义的一笔。FEMA 的成立体现了美国"综合性应急管理"的新理念，该理念包括两层含义：第一，从横向视角出发，FEMA 要将各个下属机构协调起来应对单一灾种向多灾种转变的灾害模式；第二，从纵向视角出发，应急管理应该是一种全过程的管理，即减缓、准备、响应和恢复四个阶段。

（3）"9·11"后的美国应急管理

2001 年，"9·11"事件是美国应急管理的转折点，它标志着反恐成为突发事件的一个重点防治对象，成为应急管理的核心。2001 年 10 月，美国通过了《反恐怖法》；2002 年 11 月，布什签署《国土安全法》；2003 年 1 月 25 日，美国内阁级的国土安全局正式成立，下辖 22 个联邦部门，拥有雇员 17.9 万人，成为美国的第 17 个部，联邦应急管理署并入国土安全局。

　　从历史发展的角度看，美国的应急管理存在传统模式和职业模式两种。

表 1　美国应急管理模式的发展

传统模式	职业模式
在所有灾害中，战争造成的负面影响最严重	自然或技术灾害或灾难更加频发
政府是灾害响应行动中的重要主体	政府不是灾害响应行动中的唯一主体
标准应急程序为常见的紧急情况提供了一个合乎逻辑的行动指导	标准程序不能为所有类型的紧急情况提供行动指导
等级和秩序可能会挽救人的生命，有助于应对行动的成功	自上而下的结构可能会延缓或阻碍应急响应
在灾害中，恢复秩序是人们的自然愿望	混乱中存在秩序，并且控制灾害是不可能

（二）日本

　　日本位于环太平洋活动带上，火山、地震等"地灾"经常发生，由于地理、地形和气象条件方面的原因，日本遭受台风、暴雨和大雪等"天灾"的频率也非常高。每年，灾害都给日本民众的生命与财产安全带来重大的损失。为此，日本政府对于突发事件应急管理一向高度重视。

　　日本成立了防灾省，中央政府设有防灾担当大臣，建立了从中央到地方的防灾信息系统及应急反应系统。首相是危机管理的最高指挥官，内阁官房长官负责各个部门之间的协调和联络，并通过安全保障会议、内阁会议、中央防灾会议等决策机构制定危机对策，由防卫省、警察厅、海上保安厅和消防厅等部门具体配合实施。内阁官房内设危机管理监，负责在国民的生命以及财产受到重大伤害或者面临危害时，处理有关的紧急事务。内阁还要将有关自身的防灾情报在网上公布，供国民查询。日本还将灾害对策职能转到内阁直属机关，制定了《防灾基本计划》、《地区防灾计划》、《灾难对策基本法》等法律，以应对突发公共事件。

（1）日本的防灾体制

日本虽然饱受灾害困扰，但正因为如此，频发的灾害推动了日本防灾体制的不断完善。灾害的发生使法律的出台更有针对性，如1946年，日本发生南海地震后，出台了《建筑基本法》；1959年日本发生伊势湾台风后，出台了《地震防灾特别措施法》等；1995年日本发生阪神淡路大地震后，出台了《地震防灾特别措施法》等。目前，日本的防灾法制相对十分完备，形成了由《基本法》、《灾害预防与准备法》、《灾害紧急应对法》、《灾害恢复法》与《金融措施法》等组成的法律层级体系。

日本的灾害管理规划体系由以下部分组成：①防灾基本计划：这是日本减灾活动的基础，由中央防灾会议根据《灾害对策基本法》制定。其主要内容涉及综合性的长期减灾问题，如灾害管理相关制度、减灾项目、灾害恢复与复兴、科技研究等。该计划根据1995年的阪神地震进行了修订，现在包括针对各种不同类型灾害的计划，详细描述了每个利益相关者所采取的具体措施。②防灾业务计划：这是由指定的政府组织和公共机构根据《防灾基本计划》制定的。③地方防灾计划：这是都、道、县和市、町、村在《防灾基本计划》的基础上，根据地方的具体情况制定的。

（2）日本的城市灾害管理

日本政府建立了更加完善的城市公共安全体系，其中有许多经验值得我们借鉴，比如：加强城市公共安全管理体制的建设；增强城市安全管理措施的实用性与针对性；重视城市公共安全的研究与教育。

（三）英国

英国的地理位置决定了其频繁遭受洪水等自然灾害的袭击，英国同样经历了各种各样的突发事件，如疯牛病等公共安全卫生突发事件、电脑千年虫等科技风险、伦敦地铁爆炸案等人为突发事件，英国政府将应急管理提升至国家管理层面，例如2012年伦敦奥运会的安全保卫工作，英国政府打造了一套快捷、有效的应急管理体系。

（1）英国应急管理的发展

英国的应急管理起源于民防，冷战时期为了防范苏联的核打击，1948年英国政府出台了《民防法》，2001年7月，内阁办公室设立国民紧急事务秘书处，主要履行突发事件应急管理的职能。2004年，英国颁发《国民紧急事务法》。

在英国，突发事件目前被定义为"对人的福祉、环境或安全构成威胁或造成严重损失的情境或一系列事件"。

（2）英国应急管理体系

英国的应急管理体系是分权式的：中央政府负责协调，提供指导；地方政府具体负责突发事件的应对。尽管突发事件的规模或复杂程度不同，但大多数由地方进行处置，中央政府是不参与的。地方机构通常是最初应急响应者，承担应急管理的主要职责。一般而言，警察是应急响应行动的执行人。他们在突发事件应对的过程中扮演着不可替代的角色。

在英国的应急体系中，最为重要的三个组织是：①国民紧急事务秘书处支持国民紧急事务委员会应对恐怖主义与自然灾害，设在内阁办公室内部。②主责政府部门是根据突发事件情境类别进行认定的。③内阁紧急应变小组是英国政府的主要危机管理机构，在国家级的突发事件发生时，予以启动、激活。

（3）紧急权力

当英国遭受严重突发事件侵袭时，政府可以行使紧急权力。但是，紧急权力对社会公众基本的权利与自由进行了限制。为了防止紧急权力的滥用，英国政府对紧急权力的行使的条件进行了严格的限制。紧急权力的行使必须满足以下要求：第一，严重性；第二，必要性；第三，比例性。

此外，英国政府规定，紧急权力的行使不能用来实现以下目的：限制对罢工或其他与工业有关的行动；实施军事政变；改变刑事程序；违反《人权法案》或欧盟法律；等等。

（四）俄罗斯

（1）俄罗斯的应急管理模式

苏联解体后，俄罗斯的政治、经济结构和社会形态都发生了重大变化，俄罗斯形成了一套独特的应急管理体系，在联邦体制下，形成了以总统为总指挥、以联邦安全议会为决策中心、应急管理支援和保障体系全面协调执行、各部门和地方全面配合的既有分工又相互协调的综合性应急管理体系。结构图如下：

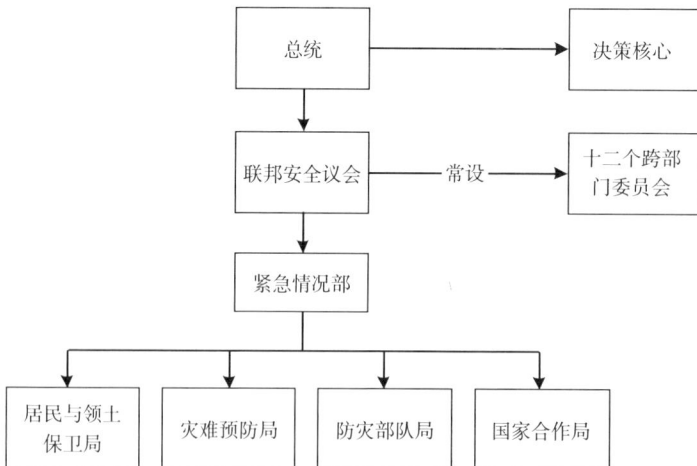

图 1　俄罗斯应急决策组织结构

（2）俄罗斯应急管理体系的特点

1）"大总统"

所谓"大总统"，是指俄罗斯总统在应急管理体系中拥有广泛的权力。总统不仅作为国家首脑决定国家事务，也作为整个应急管理的核心，对重大应急管理方案与行动拥有决策权和执行权。

2）"大安全"

所谓"大安全"，是指从中央到地方，全盘统一部署，建立了不同级别的、专职专人的综合性、协调性的管理职能机构，即俄联邦、联邦主体（州、直辖市、共和国、边疆区等）、城市和基层村镇四级垂直领导的安全管理机构。

3）联邦安全议会

联邦安全议会常设 12 个跨部门的委员会：宪法安全委员会、国际安全委员会、信息安全委员会、经济安全委员会、生态安全委员会、社会安全委员会、国防工业安全委员会、独联体安全委员会、边防政策委员会、居民保健委员会、动员与动员准备委员会和科学委员会。联邦安全议会是俄罗斯安全决策的最高机构，囊括了国家安全的所有方面，组织功能十分周密完备，成为俄罗斯应急管理体系的一大特色。

4）联合应急

俄罗斯在联合应急方面拥有一套完善的"俄罗斯联邦预防和消除紧急情况的统一国家体系 (USEPE)"，该体系由 21 个自治共和国、6 个边疆区、49 个州、1 个自治州、2 个联邦直辖市、10 个民族自治专区等 89 个联邦主体组成，其结构图如下：

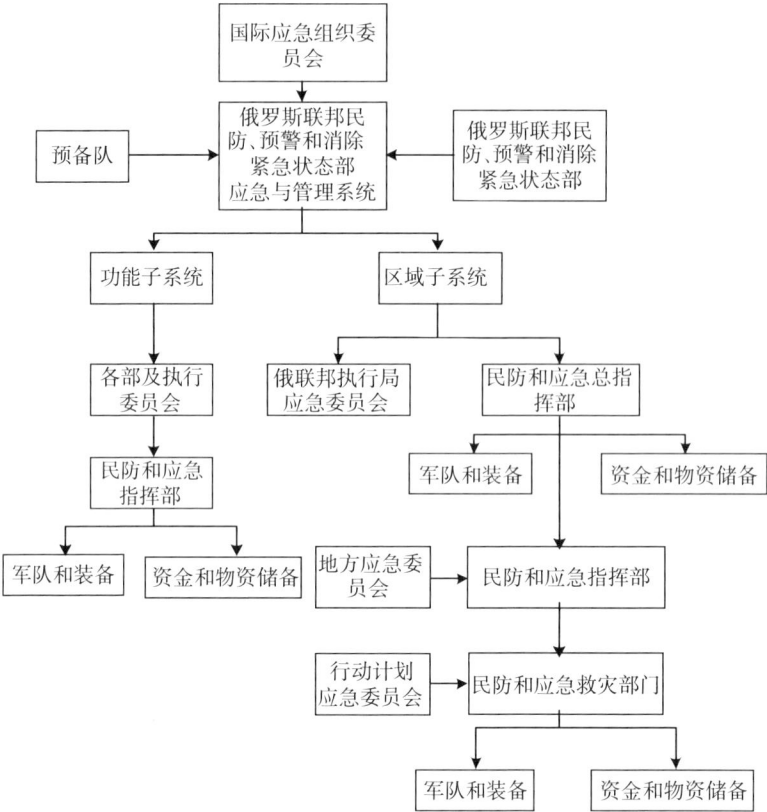

图 2　俄罗斯联合应急管理体系结构

"俄罗斯联邦预防和消除紧急情况的统一国家体系"包含五个基本的层次，在不同情况下承担不同角色和作用：在日常准备阶段，承担诸如制定一般性紧急事件的处理预案、对周围环境的监测和对危险设施的监控以及进行应急教育培训等事务；在预警阶段，为应对可能发生的紧急事件做准备，如储备救援物资等；在应急阶段，提供疏散、搜寻、营救以及提供医疗服务等紧急事务功能。

5）紧急情况部

俄紧急情况部是应对非传统安全危机事务最核心的机构，拥有联邦执行权力，其主要职能是制定和落实国家在有关突发事件应对方面的政策，领导有关下属机构实施一系列预防和消除灾害的措施，组织专业救援队伍对国内受灾地区提供救援和国际人道主义救援等活动。

俄罗斯紧急情况部同国防部、内务部、联邦安全局和对外情报局被认为是俄罗斯政府的五大强力部门。该部门一直十分重视危机管理领域国际间合作，主张建立突发事件危机管理的国际性合作机构。

（3）俄罗斯应急管理体系的成功经验

1）分工明确、分级负责

俄罗斯的应急管理体系的特色是以紧急情况部为核心，其他有关部门协调配合。这种垂直管理体制具有强大的中枢决策功能，其完善的组织结构、明确的分工和分级职责，同时广泛吸纳社会力量参与，使应急管理体系逐步形成多元化、立体化、网络化。

2）运转高效、全社会共同参与

反应灵敏、功能强大的信息报告体系。俄罗斯紧急情况部下设的危机控制中心是整个应急管理体系的情报收集器，配备信息自动收集分析系统、指挥系统和全天候值班系统，负责收集、汇总、整理、分析每天来自各地区、各部门的突发事件信息，2分钟内可以将有关情况传至其他相关部门，并视情况上报总统。突发事件发生时，危机控制中心可作为临时应急指挥中心。在该信息系统中，遍布俄罗斯境内每个村和居民点的信息员制度是信息畅通的保证和根基，信息员主要责任是将灾害情况及时通过网络上报。

储备充足的应急物资和装备精良的应急队伍。俄罗斯紧急情况部拥有联邦层面的消防队、民防部队、搜救队、水下设施事故救援队和船只事故救援队等多支专业力量，设备精良、技术先进、队伍专业，拥有完备的领导培训体系、专业救援人员培训和考核制度。此外，俄罗斯紧急情况部与国民教育相结合，下设了圣彼得堡国立消防大学、民防学院、伊万诺夫国立消防大学、国家消防学院等8所专业院校，为国家输送专业应急人才。

科学防范的应急理念和广泛深入的宣传教育。俄罗斯将应急教育作为宣传应急理念的重点途径，在中学开设安全和逃生课程，在社区向老人和小孩等特殊人群以及普通居民宣传安全防范和自救的知识，巩固国民基本安全素质。

3）权威、完备的法律法规体系

俄罗斯于1994年颁布了宪法性质的《联邦紧急状态法》，对紧急状态范围、预防和应急措施等内容作了明确规定。该紧急状态法律体系包括150部联邦法律和规章、1500个区域性条例，以及数百个联邦紧急状态管理部门发布的内部命令。俄罗斯于1998年颁布了《俄罗斯联邦反恐怖主义法》，于2006年进行了修订，进一步完善了俄罗斯的紧急状态法律体系。

（五）澳大利亚

澳大利亚位于南半球，是世界上唯一一个国土涵盖一个大陆的国家，具有极强的独立性。其国土广袤、地形复杂、气候多变，是一个自然灾害频发的国家。据统计，自2000年以来，澳大利亚平均每年有近30人直接因灾死亡，近600人受伤，39万人不同程度受灾。自然灾害和突发事件对澳大利亚的家庭、商业、国家基础设施造成的损失每年都在36亿美元以上。为此，澳大利亚建立了一套较为完整的应急管理体系和财政援助体系。

（1）多层次的法律体系

澳大利亚已建立了较为完备的、多层次的法律体系。《国家应急救援管理(COMDISPLAN)》是澳大利亚应急管理的纲领性法律，联邦、州、领地和地方政府在此基础上制定了一系列的减灾计划、应急预案和灾后救助安排。《澳大利亚应急管理安排(AEMA)》就联邦、州、领地和地方政府在紧急情况（包括灾害事件）发生后的应对措施，进行了总体性概述。该安排由澳大利亚应急管理委员会和相关机构和组织定期修改更新，以保持其长期的适用性。在此基础上，澳大利亚制定了一系列的救灾计划，对不同的紧急情况或者灾害事件进行针对性规定，基本上囊括了所有的灾害。包括：《澳大利亚政府的救灾计划》、《为来自海外的澳大利亚公民和批准疏散的外国居民的澳大利亚政府计划》、《澳大利亚政府航空灾害应变计划》、《澳大利亚政府海上辐射应急计划》、《澳大利亚政府空间碎片应变计划》、《海外澳大利亚人大规模伤亡事件的国家应急反应计划》和《澳大利亚政府海外灾害援助计划》。各州、领地政府也颁布了各自的州灾害法或者州紧急情况法，以规定各州、领地及其以下的应急管理行为。在紧急事件发生之后，《自然灾害救济和恢复安排(NDRRA)》，就具体的财政援助项目和标准，以及中央和州、领地政府的事权和资金责任进行了细致的规定。

（2）完备的应急管理组织体系

在国家层面，澳大利亚政府委员会是应急管理总体政策的制定者。现行的国家决策框架主要由警察和应急管理委员会(MCPEM)和澳大利亚应急管理委员会(AEMC)组成，负责具体应急政策的制定和实施。其中，澳大利亚应急管理委员会是澳大利亚最高应急管理咨询机构。委员会每年举行两次会议，就国家战略性应急管理问题提出咨询意见和指导。主席由司法部部长担任，成员包括了各州和领地的主席和行政人员。协调委员会的成员还包括澳大利亚地方政府协会的首席执行官和新西兰民防和紧急情况管理部总监。警察和应急管理委员会在澳大利亚应急管理委员会的支持下，总体上负责救灾政策的执行。同时，澳大利亚还建立了一个专门的管理机构——澳大利亚联邦应急管理署(EMA)，负责各部门、组织的协调管理和日常培训等工作。各州和领地，也分别建立有各自的减灾委员会和应急管理委员会，以负责该州的防灾政策和应急管理。可见，澳大利亚在应急管理机构的设置上强调专业性、常设性。各机构在正常情况下和紧急情况下的事权责任清晰，即保证了平时防灾减灾的需要，也满足紧急情况下快速反应的要求。由此，澳大利亚的应急管理体系涵盖了应急管理的各个方面，包括应急准备、预防、应对、恢复四个部分。并且各级政府通过法律法规的形式进行了详尽规定，形成了一个完整的、确定而又行之有效的体系。更为重要的是，这四个部分并不是独立分割的，预防和反应措施密切结合，恢复政策又需要根据紧急情况的影响制定。地方长官综合各应急管理法律法规的规定，实现对各个程序的有效整合。另外，澳大利亚非常强调社会团体、社区组织、志愿者、学术界、企业和个人的共同参与，并不仅仅将应急管理局限于政府公共管理的内容，而是通过社会各界的协作，实现风险共担。

第三节　我国突发事件应急管理

一、面临的形势

我国疆土辽阔、人口众多、自然地理环境复杂，突发公共事件高发。随着经济发展、社会转型等进程的加快，加之全球局势动荡，各地区冲突矛盾激化，我国公共安全形势日趋复杂严峻，突发公共事件应急管理任务难度不断增大，主要体现在以下三个方面。

（一）自然灾害频发

我国是世界上自然灾害最为严重的国家之一。由于我国领土南北跨度大，东西纵横广，地质结构和自然地理环境复杂且差异巨大，致使灾害种类多、分布地域广、发生频率高。其中，例如洪涝、台风、滑坡、泥石流、干旱、风雹、低温冰冻、地震、森林草原火灾、鼠害和虫害等灾害发生频繁，受灾范围广，对人民生命、财产安全造成严重威胁。近年来全球生态环境破坏严重，气候变迁导致极端天气气候事件频发，因此加重了自然灾害及衍生、次生灾害的复杂性、危害性和不可控性，使防灾、抗灾、减灾、救灾工作面临更加严峻的态势。

（二）安全生产态势不容乐观

当前，我国正处在工业化快速发展的阶段，经济增长模式正由粗放型向集约型转变，影响我国安全生产和环境安全的诸多深层次矛盾尚未根本解决，各行各业依然存在较多消耗高、成本高、安全性低的现象，各类生产安全事故发生率高、损失重，重大、特大安全事故时有发生。一些企业存在安全生产投入不足、安全生产基础薄弱、人员安全意识淡薄、违章作业现象严重等问题，伴随大量事故隐患，决定了我国安全生产事故高发的态势难以在短期内得到根本遏制。

（三）公共卫生形势严峻

经济全球化为人民生活带来便利的同时，也使公共卫生事件传播全球化。近年来，全球新发现的 30 多种传染病已有半数在我国境内出现病例，传染病疫情防控形势颇为严峻。例如 SARS、高致病性禽流感、甲型 H1N1 流感、中东呼吸综合征、埃博拉病毒、寨卡病毒等重特大疫情和群体性不明原因疾病时有发生，新时期传染病的特征有：人畜共患、传播速度快、波及范围全球化、防控难度大。除此之外，我国食品药品安全问题愈加突出，一些特别重大公共卫生事件，如 2008 年"三鹿"劣质幼儿奶粉事件、2011 年陕西榆林学生集体食物中毒事件，严重威胁人民群众身体健康和生命安全，在国内外造成了十分恶劣的影响。

同时，应进一步看到，随着我国经济体制的改革的深入、利益格局的调整，以及工业化、城镇化进程的不断加快，我国的公共安全也将面临更多新的挑战，如城市建设日益信息化、管网化、立体化，带来高层建筑和油、气、水、电等生命线工程安全管理一系列新的问题；交通、能源、水利等重要基础设施建设不断加快，安全运行保障工作压力越来越大；电子、信息等高新技术快速发展，在促进经济发展、方便群众生活的同时，也带来新的安全威胁和风险；对外商贸和出入境人数的持续增长，加大了外来有害生物和疫病、疫情入侵的威胁；国际上恐怖主义的抬头以及民族宗教矛盾、地区冲突加剧，对我国安全带来新的不利因素；等等。总之，以我国当前国情来看，我国突发事件态势仍将呈现领域多、频次高、规模大、起因多样化、突发性强、蔓延迅速的特点。

二、进展与成效

党中央、国务院历来高度关注突发公共事件的防治工作，一方面尽力做好预控工作，将危机扼杀于摇篮，另一方面在危机发生后尽最大可能降低损失，尤其在党的十六大之后，党中央、国务院以史为鉴，以科学分析为指导，以当下公共安全实际形势为基本依据，提出了全面推动应急管理工作发展的重要决策。2003 年 7 月 28 日，胡锦涛在北京防治非典工作会议上明确表示，要推动各方面突发事件应急机制的健全和完善，加强政府对公共危机的应对处置能力。随后党在十六届三中、四中全会中又表示要全面加强突发事件防治能力和公共安全保障能力，并将其列入党执政能力是否提高、科学发展观是否落实的重要参考之一。在党的十六届六中全会上，应急管理工作被归入建设社会主义和谐社会的总体布局之中。在党的十七大上突发事件应急管理机制又被重点提出，要继续对其做更进一步的健全完善。国务院在 2006 年 6 月 15 日印发《关于全面加强应急管理工作的意见》，全面部署了关于提高突发公共事件的应对能力以及健全完善应急管理体系的各方面工作。2011 年中央政府发布了《国家应急平台体系建设技术要求》；2013 年党的十八届三中全会审议通过的《中共中央关于全面深化改革若干重大问题的决定》强调"健全公共安全体系，完善国家安全体制和国家安全战略，确保国家安全"。

（一）政策预案的完善

几年来，国务院先后制定印发了《国家突发公共事件应急体系建设规划》和关于加强基层应急管理、改进突发事件信息报告、加强应急队伍和装备建设，以及落实安全生产治本之策、应对气候变暖，制定了提高极端天气气候事件和自然灾害救助标准、源头防范化解信访突出问题和群体性事件等一系列政策性文件，进一步完善了我国应急管理政策体系。截至目前，我国的应急预案体系已较为完整，从上到下依次包括：国家总体应急预案、国家专项预案、部门预案、地方预案、企事业单位预案以及重大活动专门预案，应用领域涵盖了常见的各类突发事件。同时，各地区、各部门按照预案内容定期组织应急演练，不断增强协同应对突发事件的能力。

（二）体制机制的健全

国务院自 2005 年 11 月设立应急管理办公室以来，着力推动各级应急管理机构建设。经过各方面共同努力，现已初步建成中央统一领导、部门综合协调、灾害分类管理、职权分级负责、事故属地管理为主的应急管理体制。在全国 31 个省、市、自治区，96% 的市级政府，81% 的县级政府设立了专门的应急管理指挥机构，进一步强化了包括防汛抗旱、防震减灾、安全生产、公共卫生、核应急、反恐、灾害救援等在内的各个专项应急机构的指挥协调能力和应急联动能力。按照"反应灵敏、协调有序、运转高效"的原则，各级政府积极完善突发事件监测预警网络、信息报告程序和应急响应机制，应急物资调送速度不断提高，突发事件信息发布和舆论引导工作机制合理化、人性化。

（三）法律体系的建立

为进一步明确各级政府、各类社会组织、公民在突发事件应对过程中的权利、义务和责任，保障应急处置措施行使主体、权限、程序的合法性，我国于 2007 年 8 月 30 日正式公布了《中华人民共和国突发事件应对法》，于 2007 年 11 月 1 日生效。国家现已有 70 余部应对各类突发事件的单行法律和行政法规，如《防震减灾法》、《安全生产法》、《动物防疫法》、《重大动物疫情应急条例》、《防汛条例》、《森林防火条例》、《草原防火条例》、《突发公共卫生事件应急条例》、《生鲜乳质量安全管理条例》等，涵盖自然灾害、事故灾难、突发公共卫生事件和社会安全事件等各类突发事件。一些地方也出台了相关的地方法规和规章。以《中华人民共和国突发事件应对法》为核心，各类专项法律法规为补充，我国应急管理法律体系不断充实和完善，我国突发事件应对工作逐步走上制度化、规范化、法制化的轨道。

（四）保障能力的强化

为增强应对突发事件的后勤和物资保障能力，中央和地方各级财政进一步加大各项应急资金支持力度。在应急物资方面，已投资建成 10 个国家级救灾物资储备库和 20 个国家级防汛物资储备库，合理分布在各个地区，物资装备储备管理和紧急调运能力显著提高。在应急队伍方面，初步形成了以军队、武警、公安为主体力量，以抗震救灾、防汛抗旱、海上搜救、铁路事故救援、矿山救护、森林草原消防和应急医疗救护、动物疫情处置等专业队伍为基本力量，以企事业单位专兼职队伍、应急志愿者为辅助力量的应急队伍保障体系。三峡水利枢纽建设和淮河治理等防灾工程建设取得重大进展，沿海地区防风暴潮工程建设成效显著，铁路、公路、民航、通信、电力、输油气管道等各类基础设施防灾抗灾能力明显提高，重点城市防洪、抗震等防灾减灾工程以及农业防汛抗旱森林草原防火基础设施建设得到加强。国家中长期科学技术发展规划把公共安全技术作为重点进行安排，应急管理科技保障能力得到提高。

经过不懈努力，近年来我国预防应对各类突发事件的能力得到显著提升。在全球气候变暖、极端天气气候事件频发的背景下，自然灾害风险防范、科技支撑、监测预警、应急响应、物资保障、社会动员等工作取得显著效果，极大地保障了人民生命财产安全，减少了损失。在国民经济稳定快速发展的情况下，安全生产形势持续稳步好转，全国生产安全事故起数和死亡人数逐年大幅下降。在商贸往来和人员流动频繁、病毒变异加剧的情况下，深入开展矛盾纠纷排查化解工作，有力维护了社会和谐稳定。特别需要提到的是，面对 2008 年以来先后发生的南方低温雨雪冰冻、四川汶川特大地震和青海玉树地震等历次特大自然灾害，党中央、国务院科学决策，统领全局，各地区、各部门紧急启动预案、全力抗灾，全国人民众志成城、团结奋斗，有力有序有效开展抗灾救灾工作，取得了应对特大灾害的重大胜利，有力维护了人民群众的生命财产安全，进一步树立了党和政府执政为民、以人为本的良好形象，赢得了国内外各界的普遍赞誉。

三、发展方向

在新态势、新要求下进行突发事件应急管理，必须以科学发展观为基本指导，以人民满意、执政能力一流为基本目标，统筹各类工作的常态与非常态管理，尽全力提高应急管理能力以促成国家安全、和谐及科学发展理念的实现，为小康社会的全面建成以及社会主义现代化推进提供良好平台。

（一）加快推进应急管理体制机制的完善

应急管理组织体系的基本作用之一是解决权责分散化造成的问题和弊端，权责分散化虽然可以将各方的工作效率以及积极性发挥到最大，却造成了整体联动能力不足、资源过于分散等问题。我国应急管理体制的完善必须建立在基本国情之上，同时借鉴国外先进理念与经验，以"统一领导、综合协调、分类管理、分级负责、属地管理为主"为总体要求，把中央、地方、相关职能机构及部门之间的权责关系由上及下更进一步理顺。加快建设各层级应急管理工作相关机构诸如领导、办事以及专项机构，从上至下由点及面全面修缮完备，以提高快速反应、统一指挥和协调联动的能力。以"统一指挥、反应灵敏、协调有序、运转高效"为原则，对突发事件预控工作中的各环节运作模式进行完善。尤其注重建设协同联动机制，制定应急联动协调响应界别标准，将各方全责明确分工细化，建立区域联动、军地协作、上下一致、全民动员的工作机制；深入贯彻"及时准确、公开透明、有序开放、有效管理、正确引导"的方针，推进建设科学高效合理的信息发布机制和舆论引导机制，加强政府监控舆情及负面信息的能力，通过舆情控制来提高政府对突发事件的处置水平；加强社会动员机制建设，切实发挥我们的政治优势和组织优势，动员群众、组织群众、团结群众，积极支持和引导群众团结、社会组织、自治组织和公民加入到突发事件的防治工作中去。

（二）健全应急管理方面法律法规

突发事件越是紧急、复杂，越要根据法律来处置，根据法律来规范、引导、推进和保障应急管理工作的开展。应急管理的效能源自健全的法律保障，法律制度的建设可以将总结的规律和成熟的经验规范和升华，对实际工作有很好的指导帮助作用。《中华人民共和国突发事件应对法》颁布于2007年，同年施行，对各项突发公共事件进行了统一规范，但突发事件的多变性和复杂性导致一部法律无法涵盖全部。目前，应以《中华人民共和国突发事件应对法》为依据，加快完备应急管理工作中每个环节的相关法律法规，健全预控、监测、应对、信息发布、事件分级等方面的法律制度；同时要对现行的单行法律法规进行清理，将那些与《中华人民共和国突发事件应对法》的内容不符的法规制度及时修改。并加快起草修订应急管理工作每个方面的专项应急法律法规，建立健全高效的应急管理法制体系。

（三）扩充修订各类应急预案

各类应急预案不应是对它们原始内容的死搬硬套，而应该具有灵活性，应建立一个动态化管理制度，根据实践中遇到的问题来对应急预案进行不断扩充修订。我国各级单位目前已经制定了很多大大小小的预案，但大多都存在着一定的问题和不足，例如针对性不高、操作性不强，相互之间脱节严重等。对于这些问题与不足一定要引起高度的重视，对现有预案进行评估、修订和扩充，并进一步理清具体操作流程以及其中涉及的相关方面的权责；制定好更科学的突发事件分级标准，提高各项预案间的协作性和衔接性，使各方在实际行动中达成有序的协作联动。积极开展预案的常规性演练，以此达到对预案进行可行性检验、发现潜在问题隐患、锻炼应急管理相关队伍、对相关机制进行磨合以及教育宣传的目的，定时开展跨单位、跨行业、跨地域的重点演练，加强相关部门及人员应急管理方面的实战能力和综合能力。同时，继续深入推进应急预案编制工作，进一步健全预案种类，提高基层预案覆盖面。

（四）努力提高应急保障能力

当前我国应急管理工作的短板主要是应急保障能力滞后。存在的突出问题集中在硬件和软件两方面，硬件方面主要是应急通信装备设施落后，应急物资储备品种少、规模小、布局不合理，软件方面则是应急队伍规模较小、专业性不足。针对以上问题，应有针对性地将以下几项工作落到实处：第一，制定并完善建设应急通信硬件设施的标准规范，建立安全性高、稳定性强的专用应急通信保障系统，保障突发事件应急通信能力。第二，着力组建、健全各类专业应急救援队伍，一方面下大力气建立应急救援专业队伍，鼓励职业化发展，充分发挥专业人员的专业特长和技术优势，同时加强基层应急队伍自救能力，推进应急志愿者队伍建设。第三，科学化储备和管理应急物资，通过合理专家评估确定储备物资种类、规模、布局，做到以实物储备为基础，生产能力储备、社会力量储备相结合的最优储备格局，着力发展应急物资预警监测系统，及时、准确预测应急物资的需求状况。第四，设立应急管理专项资金，建立应急管理专项资金监管机制和快速拨付机制，保障应急管理专项资金能够专款专用并及时、快速惠及民众。第五，重视应急科技基础理论和关键技术的研究、开发、创新和应用，与国际接轨，吸收引进高科技应急技术，积极鼓励公共安全领域的课题研究和科技创新，建立健全应急管理科技支撑体系。

（五）稳步提升监测预警水平

突发事件应急管理的第一道防线即是监测预警体系。监测预警能有效消除或将事件控制在萌芽状态，通过技术手段及时发现突发事件的征兆，达到早发现、早报告、早预警、早处置的效果。在各类监测网络建设、灾害评估和预警技术方面，我国与发达国家仍有较大差距。监测预警机制的建立要遵照《中华人民共和国突发事件应对法》和《国家突发公共事件总体应急预案》的要求做到，第一，信息共享机制建设要统筹规划、统一部署、分级实施，加强跨地区、跨部门、跨领域信息共享，将各级政府、专业机构、监测网点串联，实现突发事件信息系统的互联互通；第二，规范信息报告制度，提高信息上传、下达效率，简化报送程序、规范报送内容、规定报送时限，对事故灾难隐患、社会矛盾纠纷做到定期排查和动态跟踪，建立信息报告激励机制、信息反馈机制和责任追究制度，增强信息收集能力和情报分析研判能力；第三，增加高科技监测设施设备的投资和建设，对灾害多发地区重点监控，完善突发事件监测网络；第四，加强突发事件预警能力建设，建立统一的预警制度和预警级别划分标准，提高预警的时效性、准确性、拓宽预警渠道，力争做到监测全覆盖、预警零失误。

（六）增强风险防范意识和灾害应对能力

灾难面前，生存概率往往取决于个人的避灾行为是否积极有效，因此，掌握避灾、救灾知识和自救、互救本领，增强风险防范意识尤为重要。立足我国国情，同时广泛学习国际成熟做法，建立政府、新闻媒体和社会各界力量防灾减灾宣传教育的协同机制，将应急管理理念渗透进社区、农村和基层单位，将各类应急救援知识纳入国民教育体系，将防灾避险、自救互救等公共安全教育带入课堂，应重点抓好以下几类人群的宣传教育：一是培养青少年的安全意识和自我防护能力；二是针对多灾地区群众、农民工、高危行业从业者等高危人群加强宣传和培训；三是切实强化各级领导干部的应急管理思维，提高突发事件应急管理能力，化解各类风险、有效应对各类灾害的能力是领导干部执政能力的重要体现。应打造全民动员、全社会联动的防灾减灾风气，切实增强全社会的风险防范意识和灾害应对能力。

第一章　自然灾害应急管理

案例 1 "7·21"北京特大暴雨

一、案例简介

"7·21"北京特大暴雨发生于北京时间 2012 年 7 月 21 日，北京及其周边地区遭遇 61 年来最强暴雨及洪涝灾害，局部地区达特大暴雨级别，预警级别最高上升到橙色。气象观测显示，降雨量在 100 毫米以上的区域占北京总面积 86% 以上，最大降水点出现在房山区河北镇，达到 460 毫米，接近五百年一遇，11 个气象站观测到的雨量突破了建站以来的历史极值，部分地区一天降雨量达到甚至超过了年平均降雨量。暴雨引发房山地区暴发山洪，拒马河最大洪峰流量达 2500 立方米每秒，北运河最大流量达 1700 立方米每秒。强降雨的出现让首都机场 21 日全天取消、延误航班共计 1271

图1—1　"7·21"北京特大暴雨

（图片来源：新华网）

图1—2　广渠门桥行车道与人行道被淹

（图片来源：新华网）

架次，最高峰时有近 8 万人滞留机场。

此次灾害全市平均降雨量 170 毫米，城区平均降雨量 215 毫米，是 1949 年以来北京市降雨量最大的一次，共造成 79 人死亡，约 190 万人受灾，共转移群众 56933 人，房屋倒塌 10660 间，经济损失 116.4 亿元。

二、案例回放

2012 年 7 月 20 日 21 时，北京市防汛指挥部电子地图幕墙上，降雨量大于 30 毫米红色预警灯则会亮起。尤其是北京西部卢沟桥、南部张坊、东部大孙各庄和北部张家坟等区域红色成片。

7 月 20 日，防汛办发布《关于做好应对强降雨天气的通知》，通知指出各指挥部门要高度重视，做好部署准备工作，同时通知所在山区、在建工地的县城、乡镇关于紧急暴雨的消息。北京市突发事件应急委员会综合部署应对强降雨工作并组织电视电话会议。

7 月 21 日 9 时，防汛办发布汛情预警，并于 2 小时后发布汛情蓝色预警。北京市委宣传部立即做出应急响应，利用多个渠道对汛情进行播报，发布预警信息；开通直播节目对汛情及各部门应对工作进行实时报道。

7 月 21 日，房山区水务局发布预警通知，预计当日中午前后将出现降雨，强降水将主要集中在傍晚到夜间。房山区防汛指挥部启动红色汛情预警一级响应，要求区各防汛指挥部主要负责人全部一线指挥，通信必须 24 小时畅通，全面部署应对工作。

7 月 21 日 10 时，受暴雨影响，部分地势较低处已有大片积水。14 时，北京市气象台发布黄色暴雨预警，18 时又进一步升级为橙色。

7 月 21 日，119 消防指挥中心启动应急抢险救援预案，北京市公安局启动《雨天应急工作预案》，北京市公安局特警等相关部门启动防汛救援工作预案，调取防汛装备参与前线抗洪，武警北京总队同时启动《防汛抢险救灾预案》。

　　7月21日20时，房山区新东关村堤岸决堤，村庄被洪水围困。消防部门接到通知迅速组织150名攻坚队员携带救援装备赶赴房山实施救援。同时，北京市捐赠中心紧急向房山区、通州区、门头沟区调拨救灾储备物资。

　　7月21日20时30分左右，北京市消防部门的全体人员出动投入救援工作。22时，北京市排水集团迅速启动防汛一级响应预案，集团下属78座雨水泵站及污水处理厂全面展开抽水工作。

　　7月21日，北京市财政局针对"7·21"强降雨启动应急工作机制，应急救灾开设拨款的"绿色通道"。在市委市政府的批准下，下拨1亿元来确保受灾群众的转移及基本生活。

　　7月22日晚，北京市委市政府紧急召开领导干部会议，对"7·21"强降雨、山洪这两大灾情和抢险救灾情况进行通报，市委书记郭金龙指出灾后维稳工作要尽全力做好，并让各部门立下军令状，坚决避免次生灾害。

图1—3　北京排水集团抢险人员在北京西站北广场前主路隧道内进行排水抢险作业

（图片来源：新华网）

图1—4　北京消防营救双层公共汽车中的被困乘客和公交司机

（图片来源：新华网）

三、经验与启示

（一）重视排水管网的建设，建立基于 GIS 的城市排水管网系统

北京暴雨淹城的一个重要原因就是排水设施不完善和管网配套建设滞后。就北京市城区来说，排水管网的设计和规划都是新中国成立之前完成的，排水的标准与现在相差甚远，远远没有达到目前规定的排水能力。随着城市建设发展速度不断加快，在城市生活的人口数量剧增，当前城市的排水量已经远远超过排水管道的原设计要求。著名作家雨果曾说过"下水道是城市的良心"，罗马、巴黎等欧洲著名城市在建设规划时，都是先建好地下排污排水设施，然后再在上面建设城市。然而就中国城市建设来说，"重地上，轻地下"的现象大量存在，排水等地下设施的建设规划远远落后于地上的发展速度。

此外，国内城市还普遍存在一个问题，由于地下排水管网的建设年代不一，导致建设标准多元，管网结构也纵横复杂，特别是老城区以及城中村区域，排水管网的构造更是错综复杂，且排水建设标准低，成为城市内涝发生的重要隐患，甚至连当地水利部门都无法完全掌握排水管网的详细布局，从而导致发生内涝灾害时也无法找到症结根源。因此，对城市的排水管网进行详细的摸底排查，建立排水管网数据库，并通过构建城市排水管网监测系统实现排水的实时监控成为我国解决内涝灾害的当务之急。目前，国外很多城市构建了基于 GIS 系统的城市排水管网系统，通过将 GIS 系统与分布在管网内部的传感系统相结合，降雨发生后可随时监测排水管网的水压，一旦出现异常就会马上报警，从而可以有针对性采取措施，避免水涝灾害进一步放大，这为我国城市排水管网系统的建设提供了参考与借鉴。

（二）加强城市规划管理，科学利用土地资源，增加水体和可渗透面积

在快速的城市化过程中，还需要不断提高城市规划的科学性，重视城市暴雨和防洪问题，优化城市功能区域和建筑的布局。城市规划在对地理环境、气候特点重点考虑的同时也要具有远瞻性地对未来的气候变化进行把握；在水浸黑点区域减少重要设施的建设，对于新建排水系统，提高建设设计标准；建立科学的城市建设规划可行性评估体系，以当地气象历史数据和研究成果为依据对规划进行评估，并针对评估结果提出规划的改进建议；要考虑城市化可能带来的气候变化，尤其对于降水的影响，在城区和城市的下风方向提高排水管网的设计标准。

在这里需要特别指出的是，城市化的快速发展所带来的城市地表硬化面积扩大是造成城市内涝的另外一个重要因素。就目前来说，我国城市的地面主要采用的仍然是不透水的水泥和透水率低的沥青进行硬化，截断了水分下渗至地下的通道，大大减小了城市水循环的下垫面渗透系数，导致强降雨发生时雨水不能快速下渗，而是在地面汇集形成地表径流，并迅速在城市低洼地带形成积水，最终引发内涝。对此，可以实施"海绵城市"建设，通过科学规划城市功能区的布局，有效增加绿地和湖泊面积，在必须进行硬化的区域尽量选用透水率高的地面铺装材料，而在人行道和休闲区等区域可铺设草皮砖、透水性嵌草式地砖等，使得雨水可以快速渗入地下含水层。

（三）加强城市暴雨预报预警应急体系建设

城市气象灾害预报预警是防范气象灾害的重要"前哨环节"，而预报预警的准确性则直接关系到城市防灾减灾的水平和效果。目前，我国尚未建立统一完善、科学有效的暴雨预警机制，从而导致在出现暴雨等紧急灾害时无法实现真正预警，往往是有"预"无"警"。由于相关预警信息发布渠道单一、受众面小，群众缺乏相关应急知识导致对预警重视程度不够，致使预警信息并没有发挥有效作用，以此次北京"7·21"暴雨为例，事发当天仍有近万人聚集在一起观看足球比赛和演唱会。

对气象监测系统优化其结构和布局，尤其对重点区域要实现全面精细的不间断监测，这是实现城市暴雨预报预警的关键。要重点加强城市道路、汽车铁路等交通监测设备的建设及维护；对于灾害易发区要实时监测。特别强调，不管是人为发布的预报信息还是系统自动发布的预警信息，除了包括预报信息，对于如何避险以及应采取的重点预防措施要同时给予指导。对于隐患区及脆弱区要重点发布相关预警，确保预警信息的有效性。

（四）强化部门的横向联系，建立联动的防灾减灾机制

处置突发性公共事件的各部门要实现部门间联动，让气象预警信息及应急预案充分发挥作用，这也是有效解决城市灾害事件的有效渠道。当前，气象服务部门往往只是将天气预报信息发布，但与相关减灾部门的联系不够紧密，并未形成防范城市暴雨灾害的有机整体，导致气象信息不能够在第一时间传达相关部门，从而有效指导其他部门采取防范措施。

城市一旦发生内涝灾害，应急抢险救灾必然涉及多个部门，因此，统一指挥和密切配合是应急工作顺利开展的有效前提。如果指挥体系分工不够明确，部门之间条块分割，导致行动效率低下，就极有可能错过抢险救灾的最佳时机。从根本上来说，应急组织和指挥体系的不完善主要是由于应急管理法律法规不健全，在制度层面没有对各部门在各类突发事件的应急管理工作进行明确分工。因此，要进一步利用网络信息技术，联合各级政府和多个部门，建立跨部门、跨组织、跨区域的应急协同平台，并利用此平台加强城市内涝综合应急演练，同时进一步完善城市内涝应急预案。

（五）加强教育培训，提高防灾意识和能力

公众既是受灾主体又是救灾主体，城市气象防灾的效果归根到底也取决于全民的防灾意识和能力，这次北京特大暴雨也反映了市民灾害防范意识薄弱，因此培养公众的危机意识和自救能力显得尤为重要。要充分利用现代媒体，结合多种渠道，强化宣传教育，建立紧急情况下面向公众的社会动员和应急响应工作机制。具体如下：

一是政府部门要提高防灾意识，各级领导干部要通过相关知识培训来提高应急、救灾能力。一方面可以帮助普及公众的防灾减灾知识，另一方面提高了政府部门应对灾害的水平，保证科学决策。二是强化社会公众的防灾减灾意识，加强学校对于防灾减灾知识的教育，利用多元化的宣传手段，普及气象灾害风险与防灾避灾知识，形成气象科普工作机制；通过在社区举办形式多样的宣传活动，加强公众对灾害预警知识的学习，提高公众对于预警信息的认知。三是将气象灾害应急演练进行常态化、制度化，以练促建，既可以提高公众的防灾避险知识，提升自救互救水平，还能够增强部门间的协调水平及基层组织的应急处突能力，从而在灾害真正来临时做到协调有序、不慌不乱。四是加大对气象灾害减灾工作人员的培训力度，提高其专业能力，同时努力形成制度性的志愿者队伍培训机制，增强减灾队伍的整体素质。

案例 2 "5·12" 汶川大地震

一、案例简介

汶川大地震，也称作 2008 年四川大地震，地震发生时间为北京时间 2008 年 5 月 12 日 14 时 28 分，此次地震造成惨重的人员伤亡与财产损失。震中位于四川省汶川县映秀镇与漩口镇交界处，北纬 31.01 度，东经 103.42 度。汶川大地震是中华人民共和国成立以来破坏力最大的地震，也是唐山大地震后伤亡最惨重的一次。

根据中国地震局调查报告显示，此次地震的面波震级达 8.0Ms、矩震级达 8.3Mw（根据美国地质调查局调查显示，矩震级为 7.9Mw），破坏地区超过 10 万平方千米。地震影响多个区域，其中极重灾区共 10 个县（市），较重灾区共 41 个县（市），一般灾区共 186 个县（市）。造成四川、甘肃、陕西等省的灾区直接经济损失共 8451 亿元人民币，灾区的卫生、住房、校舍、通信、交通、治安、地貌、水利、生态、少数民族文化等方面受到严重破坏。

此次地震烈度可能达到 11 度。地震波及大半个中国以及亚洲多个国家和地区。此次地震造成四川、甘肃、陕西、重庆、云南、山西、贵州、湖北等 8 省市不同程度的灾情，并且全国大部分省区均报告有震感。据民政部报告，截至 9 月 25 日 12 时，此次地震死亡人数为 69227 人，受伤人数为 374643 人，失踪人数为 17923 人。地震灾情引起民间强烈回响，全中国以至全球纷纷捐款援助，累积金额超过 500 亿元人民币。中国军方调动了和平时代以来规模最庞大的队伍进行救灾，中国民间的大批志愿者和来自中国各地以及世界各国的专业人道救援队伍也加入救灾。

经国务院批准，自 2009 年起，每年 5 月 12 日为全国"防灾减灾日"。

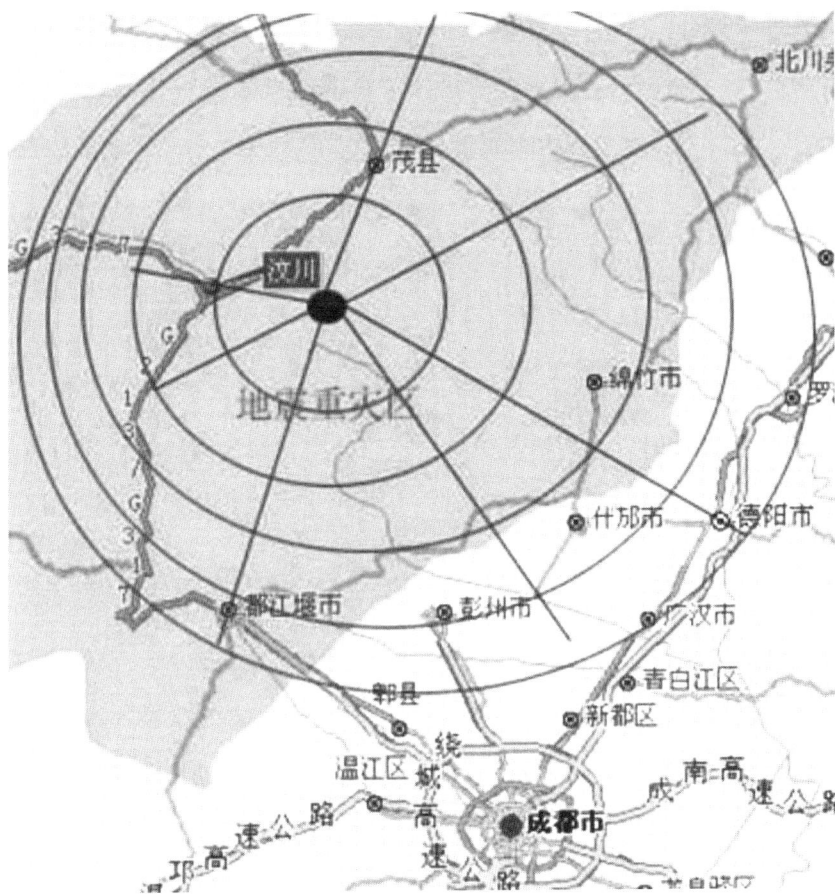

图1—5　"5·12"汶川地震影响辐射范围

（图片来源：百度百科）

二、案例回放

2008年5月12日14时，四川省汶川县发生8.0级地震——初报为7.8级，后修正为8.0级。地震发生之后，胡锦涛立即作出重要指示，要求尽快抢救伤员，确保灾区人民群众的生命安全。温家宝在此次地震发生后，立即赶往灾区指挥救援工作，于当晚抵达都江堰指挥中心，立即迅速地下达救灾命令。此次地震造成四川、甘肃、陕西、重庆、云南、山西、贵州、湖北等8

省市不同程度的灾情，并且全国大部分省区均报告有震感。现场形势严峻，国务院立即成立了抗震救灾总指挥部来领导抗震救灾工作，国家领导人深入当地，温家宝任总指挥，李克强、回良玉任副总指挥，全面负责抗震救灾的严峻工作。

5月12日19时，成都市区上千辆出租车自发地奔赴都江堰灾区。武警四川总队阿坝支队向汶川灾区出发。晚上20时，空军搭载着国家地震救援队175人的两架伊尔76军用运输机从北京南苑机场起飞赶赴灾区。晚上22时，两架伊尔76军用运输机先后抵达成都。

5月13日17时，地震情况严峻，道路受阻，解放军某部官兵和成都武警官兵克服了重重困难设法利用冲锋舟从水路进入汶川地震的震中地区进行紧急救援。

5月14日，汶川县城迎来了第一支抢险救灾队伍，武警部队驻四川某师200人由理县强行军90公里后到达汶川县城。第一批空中部队也同时抵达汶川县城，并为当地受灾民众空投救灾物资17吨，投放的8个地点为汶川县（县城）、映秀镇（属汶川县）、茂县、都江堰市、青川县、平武县、什邡市和彭州市。

5月15日，交通运输部宣布经过交通部门全力奋战，15日21时，有了进入汶川可通车的首条公路，由马尔康经理县到汶川县城的317条国道全线打通。此条线路的通车有效解决了道路受阻问题。西线的恢复令运送救灾物资和设备的车辆，可从成都经雅安、马尔康直接进入汶川县城。

5月16日，胡锦涛亦飞抵四川了解灾情。时任国务院总理温家宝表示，无论从破坏性，还是从波及范围来说，"5·12"汶川地震都是新中国成立以来最大的，超过了唐山大地震。汶川大地震引起了国内外广泛关注，15时30分，首个抵达灾区的国际救援队到来，日本救援队立即投入救援工作。

5月17日，胡锦涛前往汶川县察看受灾情况，并指导抗震救灾工作。温家宝做出重大决定，决定在三个月内向受灾群众每人每天补助1斤粮10

元钱，全面部署抗震救灾八项重点工作。

5月18日上午，胡锦涛专程前往什邡市，对抗震救灾工作提出了进一步要求。国家地震局修订汶川地震震级为里氏8.0级。经国务院批准，决定2008年5月19日至21日为全国哀悼日，以此来表达全国各族人民对四川汶川大地震遇难同胞的深切哀悼。

5月19日14时28分，全国人民默哀3分钟，火车、汽车、舰船鸣笛，拉响防空警报，这成为新中国近60年的历史上，首次对普通民众死难者降半旗。其间，奥运圣火在中国境内的传递活动暂停三天，体育赛事推迟三天，香港赛马会亦取消原定21日举行的赛马并把活动延期。各地亦举行烛光晚会，部分地区飞放孔明灯，同时多间电影院也停止放映活动；电视台均停播娱乐节目。

5月22日，温家宝再次赶赴四川灾区，对当地的受灾群众和救援人员进行慰问，并乘坐直升机前往北川上游的唐家山堰塞湖查看灾情。

三、经验与启示

汶川大地震是2008年我国最为重大的突发事件，也是新中国成立以来发生的最严重的破坏性地震。与新中国成立后的历次大地震相比，汶川大地震的主要特点在于：一是震前没有明显预兆。二是地震发生在地形、交通条件复杂的西部山区。地震主要灾区四川北部、甘肃南部均为高山地带，地形地貌复杂，地震发生后震区交通受到严重破坏，疏通难度极大，为救援工作带来巨大困难。三是灾区的抗震能力较差，发生衍生灾害的风险很高。四是此次抗震救灾工作是在我国的公共应急管理制度建设取得一定进展的条件下进行的。

（一）反应敏捷，行动迅速

在"5·12"地震发生后第一时间内，胡锦涛立即作出重要指示，要求灾区驻军和武警部队迅速组织出动，协助地方一起抢险救灾，切实保证灾区人民的生命安全。5月12日16时40分许，时任国务院总理温家宝搭乘飞机从北京起飞，此时距地震发生两小时，国务院成立的抗震救灾指挥部开始运转。同时，解放军总参谋部启动了应急预案，要求成都军区空军和武警部队迅速组织灾区驻军全力投入抗震救灾工作，把损失最大限度地减小；总政治部发出政治工作指示；总后勤部、总装备部也做好了支援抗震救灾的应急准备；十余支由卫生部组织的卫生应急队立即启程赶赴灾区进行救援工作；交通运输部启动应急预案，为了保证物资的畅通，要求迅速抢修毁损受阻的公路；公安部要求各地全警动员、全力以赴投入抗震抢险救灾。

（二）集中力量，广泛动员

地震发生后，中华人民共和国全国人民行动起来，中国官方和民间广泛使用互联网来帮助传递灾害信息，贡献出自己的力量来辅助援助和救灾工作。其中官方的新华网建立了在线论坛，以此来收集各地的救援请求，一旦发现了救灾的盲点地区立即上报相关政府部门。各地的志愿者更创立网站，组织派遣整合志愿者力量。此次汶川大地震劫难，中国人民团结一心，同时国际上非政府组织也联动起来，回应迅速，来自全国各地的志愿者自发前往灾区。他们之中，一些志愿者通过参与中国红十字会的协调来提供帮助，其中大部分的志愿者是靠自己的力量来参与救援工作。充分体现了社会主义动员体制在公共危机管理中的重大优越性——强力、高效的权力配置和资源整合，集中力量办大事、救大灾的体制化先进性。汶川地震同时牵动全球为中国捐款援助，捐款总额不但创下纪录，也是中华人民共和国历史上第一次有外国专业救援人员参与救灾。

（三）统一指挥，协调联动

在汶川大地震的整个救灾工作中，中国多位高层领导人赶赴灾区，从公安、交通、电讯、地震、民政等各个部门指挥调度管理工作，其中中央政府一直扮演着主导角色。5月14日凌晨，北京、上海、山东等20个公安消防总队已派出11000多名消防专业救援人员参与救援工作。这些全国各地的消防救援人员和特警是由公安部进行协调的，各派遣相关人员奔赴灾区投入救灾工作。铁道部为了确保铁路运输的安全畅通，下令全国的铁路迅速进入应急状态。供水、防洪等设施安全则由水利部负责。卫生部组织约2000人的医疗防疫队伍，队伍中成员来自24个省区。考虑到通信的重要性，工业和信息化部指挥运营商调拨卫星电话紧急恢复通信。外交部负责海外救灾的协调工作。损毁堵塞公路的抢修由交通运输部负责。国家遥感中心派出遥感飞机赴灾区勘查，向减灾委提供卫星监测资料，由科技部负责。农业部则强调要尽早着手准备灾后重建工作，集中力量指导和开展农业方面的抗震救灾。商务部为了保障救灾物资的供应，例如生活必需品和药品，负责监察灾区的市场情况。考虑到二次灾害的发生，环保部立即启动核与辐射及水污染防治的应急预案。中国人民银行作出指示，要求各级分支机构对救灾款项做到随到随办，要求全力维护支付系统和国库系统的正常运行。

（四）消息透明，发布及时

官方传媒如中央电视台与新华社在地震后五小时即对外公布，并以二十四小时播放救灾新闻节目跟进救援行动。此外，政府对境内外媒体采访也基本不阻止。截至2008年5月22日，已有100多家境外媒体、300多名境外记者进入汶川地震灾区参加采访报道。李长春主持召开抗震救灾宣传报道专题会议，对抗震救灾宣传报道工作作出部署，要求新闻宣传战线在地震新闻中要"增强政治意识、大局意识、责任意识"，"牢牢把握正确舆论导向，坚持团结稳定鼓劲、正面宣传为主"。以上举措做到了最大限度地满足社会公众知情的需要，让他们及时了解相关信息，从而使得一些有关地震的不实的谣言、流言不攻自破。地震发生后，通过广泛的报道，不但没有引起过度的社会恐慌，反而激发了全国人民的爱国热情，使得大家团结一心、同心同德、共赴国难，并且增强了中华人民的民族凝聚力。对中国媒体就"四川汶川大地震如此迅速而透明的报道，英国广播公司（BBC），英国《泰晤士报》和《金融时报》等西方媒体给予了正面的评价和肯定，并对中国政府在此次抗震救灾中的迅速反应表示赞赏，认为中国政府的危机处理能力明显提升。

案例 3 中国南方低温雨雪冰冻灾害

一、案例简介

在我国南方地区于 2008 年 1 月 10 日至 2 月 2 日，连续爆发了四场非常严重的低温雨雪气候过程，导致了我国南方地区包括湖南、湖北等 20 多个省（市、区）遭遇到了历史罕见的冰冻灾难。据中国气候中心的报道，此次的南方低温雨雪灾害所涉及的范围、降雪量、持续时间等数值都已超出正常指标，这些数据已达百年难得一遇，其中湖南、贵州等地连续的冰冻日数均已超过一百五十年一遇。

导致此次灾害的直接原因为 1 月份欧亚地区大气环流异常，而太平洋上强烈发展的拉尼娜现象则是引起大范围环流异常和低温雨雪冰冻的"幕后黑手"。具体而言：

（1）中高纬度欧亚地区大气环流异常发展，偏北风势力增强，冷空气南下活动频繁。

（2）太平洋副热带高压位置异常偏北，向我国输送了大量暖湿空气，为雨雪天气的出现提供了丰沛的水汽来源。

（3）青藏高原南部的地形槽系统的活跃运动进一步导致了暖湿气流向我国的输送的增强。

（4）南方地区大气低层逆温层的不断加强并长时间维持，造成了严重的冻雨灾害。

（5）太平洋上迅速发展的拉尼娜现象是导致环流异常和低温雨雪冰冻的重要原因。

此次的低温雨雪冰冻灾害从气象灾害标准的角度来说一共造成了 107 人死亡，8 人失踪，从经济损失角度来说，因这次灾害造成的直接经济损失高达 1111 亿元人民币，从以上两方面可以看出，无论从哪个角度来看，此次灾难都能称得上一次巨灾。

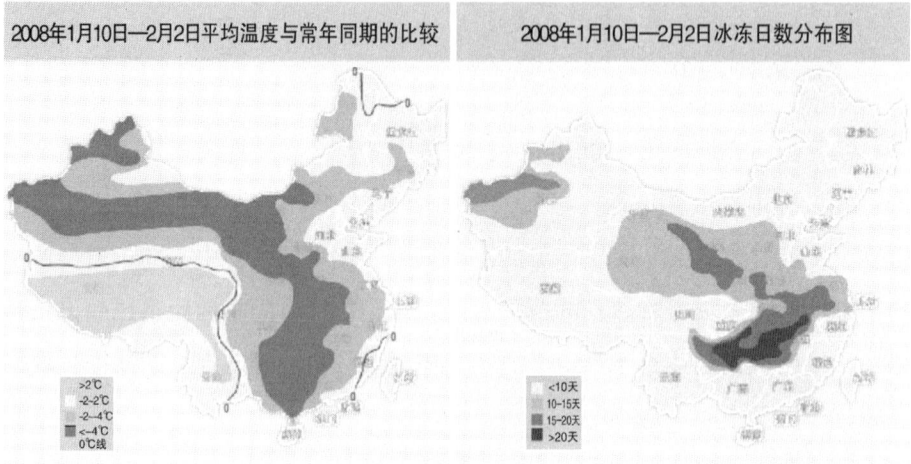

图 1—6　1 月 10 日—2 月 2 日平均温度与常年同期的比较、冰冻日数分布图

（图片来源：中国天气网）

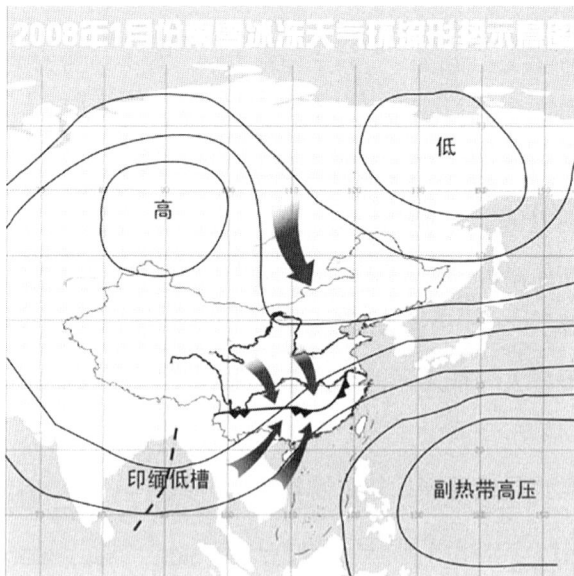

图 1—7　2008 年 1 月份雨雪冰冻天气环流形势示意图

（图片来源：中国天气网）

二、案例回放

影响我国的大气环流于 2008 年 1 月上旬开始发生突变，致使我国大部分地区由十分好的晴朗天气突然快速地转变为低温、多雨雪天气，并且该大气环流形式趋于稳定，前后分别在 2008 年 1 月 10 日至 16 日、18 日至 22 日、25 日至 29 日和 2008 年 1 月 31 日至 2 月 2 日这四个时间段在我国黄河及其以南地区出现了四次大规模降温过程，此次低温、雨雪、冰冻天气涉及了我国 28 个省、自治区、直辖市，持续时间近 1 个月，并连带引发了各种灾害；政府和公众从一开始对这个事件的"雪景"和"雪灾"转变为"雪灾"和"雪难"的过程形成了对整个事件的认识。

阶段一：灾害初露端倪但并未受到注重。

据中国气象局于 2008 年 1 月 8 日发布的天气预报，从 1 月 10 日开始向西北地区东南部、西南地区东部、华南大部、江南大部、黄淮和江淮自西向东以及自北向南地区发出预警，将会有一次明显的小到中雪（雨）。我国华中地区从 1 月 10 日开始将迎来首场大雪。

当天，中国气象局联合交通部共同发布了"全国主要公路气象预报"，并于次日凌晨 6 时发布了"暴雪橙色警报"：初次的雨雪天气以及给人们生活造成了一定的影响，比如交通拥堵、旅客滞留等等。但第一轮的雨雪天气持续时间较短、影响范围较小，所以在此冰冻天气出现之后我国相关各级政府职能部门并没有对后面即将发生的灾害做出足够的准备金融估计。

阶段二：事件向巨灾转变，连带相关事件爆发。

据中国气象局 1 月 17 日提供的春运气象服务预报显示："1 月 18—21 日，我国中东部大部地区将出现一次入冬以来范围最大、持续对间较长的雨雪天气过程，雨雪天气将给交通运输带来极大不便。"

由于第一轮的雨雪天气造成的雪灾对春运的压力逐渐开始显现出来，所以国务院等有关部门以及地方政府开始采取一些相应的措施来应对这一情况。

全国铁路于 1 月 18 日提早进入春运状态。

1 月 19 日，铁道部向全国发布特级通知，要求社会各级启动应急预案，并且做好迎战此次暴雪灾难的准备工作；在同一时间，交通运输部成立暴风雨雪天气应急处置临时工作机构，并且要求各级相关地区的交通部门也和他们一样，成立相应的抗风险机构，积极应对和加强暴风雨雪天气应急处置临时的工作机构。

国务院应急办于 1 月 21 日紧急发出《关于做好防范应对强降温降雪天气的通知》。此后，国务院领导和国务院应急办对此事件都十分重视，分别对中央气象台的滚动预报以及预警作出了严格的批示，并且先后下达了九份紧急通知。国务院应急办对各级政府应急管理机构提出了六点工作的具体要求，可见该雨雪灾害已经上升到国家层面。尽管及时采取了措施，但是随着第一场和第二场连续的雨雪天气的到来已经开始产生了叠加效应，影响程度已经超过了其自然灾害本身，相应的次生以及衍生灾害开始逐渐呈现出来，其主要表现在：大面积停电；铁路、公路以及航空的滞留与停运；南方地区的电厂发电用煤告急；食品短缺；房屋倒塌等等。

阶段三：中国政府正式开启巨型灾害应对机制，应急处置取得阶段性胜利。

1 月 25 日，湖南省等部分地区开始第三轮降雪，湖南省郴州市突然发生电网瘫痪，进一步加强了紧张的局势。

1 月 27 日下午 18 时，暴雪警报升至红色警报；同日。国务院主持全国煤电油运保障工作电视电话会议，同时国务院应急办下达了《关于进一步做好雨雪天气交通保障的紧急通知》。此时，党中央、国务院领导开始认识到抢险救灾的重要，接下来一场声势浩大的全面动员、迎战灾难的抢险救灾行动真正拉开了序幕。

1 月 28 日，国务院成立煤电油运和抢险抗灾应急指挥中心。

1月29日召开的中共中央政治局会议和2月3日召开的中共中央政治局常委会议，专题研究了雪灾情况，分别强调了要做好保障群众生产生活工作，并指出了三个"保"："保交通、保供电、保民生"。

1月30日，胡锦涛正式发出指示，命令解放军部队以及武警各有关部队全力支援受灾地区的抗灾救灾。

2月10日，胡锦涛发出指示，命令解放军部队以及武警各有关部队支持受灾地区做好恢复重建工作，截至2008年2月11日，解放军、武警部队和民兵预备役人员分别出动64.3万人次和186.7万人次投入抗灾救灾工作。

2月15日，国务院下达《国务院批转煤电油运和抢险抗灾应急指挥中心关于抢险抗灾工作及灾后重建安排报告》的通知，通知强调：抗击雪灾的斗争暂时取得了巨大的阶段性胜利，但是要取得抗灾救灾的全面胜利还需努力。

阶段四：恢复重建工作取得初步成功。

2月25日，《批转煤电油运和抢险抗灾应急指挥中心低温雨雪冰冻灾后恢复重建规划指导方案》的通知被国务院下达。《指导方案》指示，抗击低温雨雪冰冻灾害已由应急抢险阶段转入全面恢复重建阶段。

2月23—24日，民政部在北京召开全国灾区群众生活安排和恢复重建工作会议，会议指出我国南方将进入汛期，有可能面临新的自然灾害，因此必须在6月底前完成年初雪灾的恢复重建工作。

三、经验与启示

虽然此次历史罕见的低温雨雪冰冻灾害通过我国政府部门采取的一系列的抗灾救灾措施被成功战胜了，并于2008年2月15日开始正式转入灾后重建的阶段，但是对于此次灾难来说，除开不可避免的自然因素外，还存在着如气象部门预报不准和应急响应机制不畅以及电力线路设计标准过低等一些人为因素，这些失误都导致了重大损失。

（一）气象灾害的社会应急联动机制有待完善

2008 年 1 月 25 日以前铁路通行一直都是正常的，但 25 号当天郴州和衡阳多地的电力输送线路爆发故障停止运作，导致从当天下午 6∶30 起京广线湖南段客运、货运列车全线滞留，这样严重的后果表明电力部门与铁路部门事前没有有效沟通。湖南电力部门已于 20 日对外公布了二级范围大面积停电警示，公开表达了湖南境内电网临近崩溃边缘，随时可能发生危险。但电力部门并未及时专门向铁路部门说明情况紧迫性及严重性，致使铁路部门未能灵活处理、正确应对二级电力中断警报，因此在事发当时，尽管铁路部门立即启动铁路应急预案，但由于电网完全瘫痪状态未包含在预案状态中，且缺乏相应的应急措施，忽视了内燃机作为牵引力的情形。全体铁路范围电力供应中断后，铁路部门才做出抽调全国铁路范围内内燃机供应湖南的决策，1 月 28 日才通报停止出售停电范围内火车票。从该案例可以看出，各个部门间应急预案衔接不畅、信息凝固导致应急措施反应迟钝、恶化灾情的后果。

灾前、灾中和灾后这三个阶段，每个阶段都有不同的实施任务，重大的气象灾害综合防范必须整合这三点：

灾前：预警预报、灾难预估和预案建设等工作必须落实；

灾中：整合信息资源、物质资源，统一气象应急处置标准，明确政府部门相应职责，构建气象灾害应急处置社会联动机制，做好应急联动；

灾后：重视发挥政府、社会、市场等主体作用加强恢复重建，特别要积极依靠金融保险等市场渠道来提高灾害救助和恢复能力。

（二）加强气象灾害综合风险影响评估

气象部门一般会同时发布气象预警信息和对应的风险评估资料，风险评估信息只是提供一个粗略的灾害性天气的信息，并且集中在灾害性的天气预报中，潜在的风险期限一般比较模糊，精确化的定量风险评估比较缺失。分割的部门和数据不能共享导致了气象部门只能提供一个粗略的风险评估信息，同时由于政府决策者和公众很难了解到模糊风险的评估信息，所以人们往往不能及时地做出有效的决策。气象部门评估综合风险，必须有数据支持，如电力和交通以及水利等等。由于部门之间共享数据十分困难，导致各部门灾害的评估提供了不准确和不完全的信息。

（三）建立有效的风险沟通机制

风险沟通不仅可以让人们了解所面临的利益相关者和社会的风险，同时也可以提醒他们在综合风险防范能起到在这个过程的作用中认识自己。在风险管理的实施过程中，同时风险沟通可以促进人的风险管理措施理解，积极履行职责风险管理。这次的灾难暴露了政府与公众之间的风险沟通，如旅客滞留现象出现在广州火车站广场。春节以来，政府及时地在报纸和电视上公布各类气象信息和出行信息，并在 1 月 28 日停止了火车票的出售，告诉外面的人回家难，呼吁广东农民工就在广东过年等，尽管如此仍呈现快速上涨的滞留旅客的趋势，其中大多是在广州工作的外来务工人员。

政府部门为了提高防灾决策的质量必须在气象防灾中气象过程之间加强风险沟通；并且，要使老百姓与政府部门能够方便快捷地沟通，以达到公众能积极配合政府所下达的一系列防灾抗灾指令。建立纵向与横向沟通机制的风险是政府部门之间能好好沟通的前提，通过建立各职能部门和通信，互联网，互动的信息沟通机制，非政府机构之间的信息，形成网格结构，提高协调统一的重大气象灾害防御和整体功能。

案例 4 日本"3·11"地震

一、案例简介

日本"3·11"地震发生于 2011 年 3 月 11 日日本当地时间 14 时 46 分，震级为里氏 9.0 级，地震发生于日本东北部海域，地震同时引发海啸，严重影响民众的生命与财产安全。宫城县以东的太平洋海域为此次地震的震中，东京亦有强烈震感，震源的深度达 10 千米。海啸导致了更加严峻的形势，太平洋沿岸的大部分地区均受到波及，同时，海啸导致福岛核电站发生了核泄漏事故，事故集中于 1—4 号机组。4 月 1 日，日本内阁会议正式将此次地震命名为"东日本大地震"。

据统计，地震级数排在前两位的分别是 1960 年发生的 9.5 级智利地震和 1964 年发生的 9.2 级阿拉斯加地震，本次发生的东日本大地震是世界第三高的地震。地震引发的海啸约 10 米高，最高达到 24 米。截至 2011 年 12 月 22 日，地震及其引发的海啸已确认造成 15843 人死亡，3469 人失踪。

二、案例回放

2011 年 3 月 11 日地震发生后，日本政府第一时间做出反应部署，有关地震对策的官邸对策室在首相官邸危机管理中心正式成立，并将所有内阁成员汇集于此，与此同时，时任日本防卫大臣北泽俊美指示自卫队开始救灾活动。震后两小时内，15 时 1 分陆上自卫队开始通过直升机影像传输灾情信息。15 时 30 分第一次防卫省灾害对策本部会议召开，会议主要决定海陆空自卫队方面，于 18 时和 19 时 30 分对灾区分别进行大规模灾害和核灾害派遣。15 时 45 分，海上自卫队利用旋转翼及固定翼飞机，收集沿岸地区的信

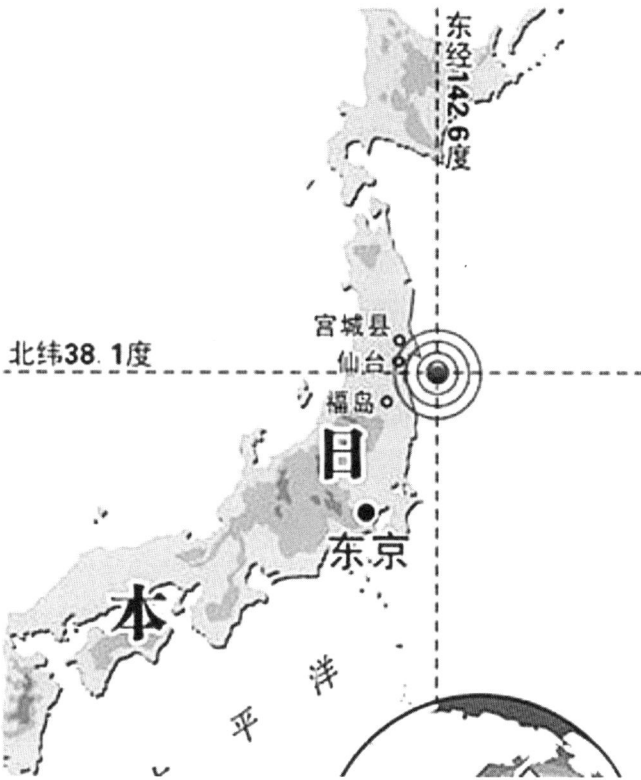

图1—8 日本"3·11"地震

（图片来源：百度百科）

息。数小时以后，时任日本首相菅直人就救灾工作的部署发表了电视讲话，讲话中阐明，受灾地区可与地震灾害对策总部直接联络，灾情所在地区的自卫队做好随时待命的准备。

3月11日傍晚，菅直人在其官邸召开紧急灾害对策总部会议，会议决定日本的自卫队军舰和战斗机受命赶往灾区，参与搜救。海上、空中自卫队方面，前往宫城县的军舰包括停泊在横须贺港的所有自卫队军舰。同时，为核实灾区受损情况，8架F-15型战机也分别从石川县、北海道航空自卫队基地赶赴受灾地区。陆上自卫队方面，搭载有视频传送仪器的直升机也受命赶往灾区救灾。此外，日本自卫队已派遣8000名救援人员展开救援行动。

3月12日，富山县队到达名取市开始消防支援活动，其他各都道府县队也陆续到达。截至3月12日，指挥支援部队及1都1道1府6县的共计363支部队、1506人开始了生命救援活动，海上自卫队共派往现场海域舰艇20艘。

3月14日，东北方面宣布联合任务部队编成，陆、海、空自卫队联合灾害派遣救助活动开始。

4月1日—4月3日，开展第一次集中搜索行动，发现失踪者70人。

4月10日，开展第二次集中搜索行动，发现失踪者99人。

4月17日，福岛核电站开始注水工作，主要针对福岛核电站3号机组，两架注水直升机来自陆上自卫队。注水同时，直升机也将对核电站上空的辐射量进行检测。

4月18日，福岛第一核电站30公里范围内失踪者搜索行动开始。

4月25日—4月26日，120名失踪者在第三次搜索行动中被发现。

三、经验与启示

由于地理环境的原因，日本自然灾害频发，尤其地震灾害不断。日本政府在如此严峻的自然条件下通过自身举措，力求最大限度地降低灾害受损程度。这中间最重要的举措之一便是建立高效的防灾体系和完善的应急救灾预案。在此次地震发生后4分钟内，紧急救灾司令部立即在首相官邸成立，负责对救灾援助工作的指挥、调度、协调。地震、海啸可谓天灾，但由地震引发的核辐射却无法摆脱人祸的罪名，这使我们不得不重新将高科技是一把双刃剑的议题重新摆回台面，科技的发展必然推动时代的进步，但如果不小心维护合理利用，它的发展也可能给生活带来毁灭性的灾难。对于我国而言，日本大地震的震后工作中有许多值得我们学习和借鉴的地方，我们应取长补短，为防震减灾的各项工作做好十足准备。

（一）应急预案制作精细化

日本政府把应急预案分为三类：第一，防灾基本计划，此计划在日本国内是应急管理领域的最高层计划，同时也是日本政府应急管理工作的指导基础。计划由中央防灾会议以《灾害对策基本法》为基础制定得出；第二，防灾业务计划，此计划以防灾基本计划为依据，制定单位则由指定的行政机构与指定的公共机构共同组成；第三，地区防灾计划，此计划同样以防灾基本计划为基础而制定，制定单位为都道府县及市町村的防灾会议，不同的是，此计划的制定需结合当地的实际情况。日本应急预案的制作给我国提供很好的范本。日本作为自然灾害频繁且种类多样的国家，对于多数突发灾害都有特定的应急预案，而不是笼统地使用同一套应急预案。这不仅缩减了救灾成本，也方便了救灾的顺利开展。日本政府从中央到地方针对某些特定的时间段、特定的地区都有详细的有关自然灾害发生概率的推算。包括内容有人员伤亡情况、建筑物损坏情况、火灾情况、需要避难人数等。我国的国情是人口基数大，幅员辽阔，所以更加有必要针对特定的时间、区域对有可能发生的突发事件制定相应的应急预案。

（二）提高房屋抗震水平

此次日本大地震后，日本国内的建筑物并没有发生严重坍塌，故而由于房屋坍塌造成的人员伤亡大大减小。多数房屋的损毁是由于地震引发的海啸冲击所致。在日本，公共性建筑具有良好的抗震性，学校就是一个很好的例子。一旦在上课期间发生地震，学生们无须外逃躲避，只需躲在桌下就能保证人身安全。因此，在震后这些公共性建筑即可成为供人们避难的场所。在房屋抗震方面，我国还有一段很长的路程要走。发生在 2008 年的汶川地震，震级为 8.0 级，倒塌房屋多达 650 多万间，房屋损坏数量也超过 2300 万，由于房屋的大面积倒塌，人员伤亡数量也高达 7 万人，倒塌最为严重的建筑集中于校舍、医院等公共设施。事后调查发现，多数倒塌房屋使用的砌墙砖为空心混凝土砖，这种简易房屋的倒塌是造成人员伤亡的最主要原因。提高建筑物抗震水平成为我们亟待解决的重要问题。近年以来，我国已认识到这个问题的存在，但改善力度仍有提升空间，为了改善现状，政府应采取相应措施。首先，出台建筑物抗震等级标准；其次，加强对建筑物的建设监管；最后，对于村民自建房增加经济与技术支持，保证自建房安全等级达标。类似学校、医院、体育馆这样的公共性建筑场所应提升抗震等级，以保证其具有震时避难作用。

（三）提升政府救灾力量的同时发展社会救灾能力

救灾过程中，我们看到日本政府将政府力量与社会力量的结合，日本国内的应急救灾组织专业性强，机构完备，反应迅速。政府方面，在震后第一时间于首相府邸成立紧急灾害对策本部，对灾情与救灾工作进行全面指挥、调度与协调。同时，各地方政府也迅速响应，协同救灾。社会方面，根据地方政府对所有志愿者组织的统一安排，志愿者组织有序前往灾区，为抗震救灾工作作出不可替代的贡献。志愿者组织跟从政府安排，不擅自盲目前往灾区，可见政府力量与民间力量结合得当，配合有度。对比我国当前现状，地方政府之间还未具有有效共识，仍处于非自由互助状态，这种现状不利于第一时间有效救灾，大大降低了救灾的效率。如果地方政府之间能够建立起有效的应急配合机制，既有利于救灾效率的提升，又能够增加灾区民众的生还可能。

案例 5　美国"卡特里娜"飓风

一、案例简介

美国"卡特里娜"飓风发生于 2005 年 8 月中旬,最早在巴哈马群岛附近生成,逐渐增强,并在 24 日登陆于佛罗里达州,强度为小型飓风。在接下来的较短时间内侵袭墨西哥湾,并于 28 日在快速移动的过程中形成了强度为 5 级的飓风。它于 29 日以强度为 3 级的飓风形式登陆密西西比河口,使得阿拉巴马州、密西西比州和路易斯安那州遭受重创。受其影响,为隔断庞恰特雷恩湖而建的防洪堤决堤,使得位于路易斯安那州的新奥尔良市的 80% 地段淹没于洪水之中。由于内陆地区也深受其影响,使得救援工作进展十分缓慢。

"卡特里娜"飓风造成了 1836 人死亡,成为自 1928 年奥奇丘比飓风以来造成死亡人数最多的飓风。同时,它也是美国历史上造成灾难性后果最严重的一次飓风,经济损失达 1000 亿美元。

图 1-9　卡特里娜路径图、新奥尔良市地形剖面图

（图片来源:中国天气网）

二、案例回放

美国国家气象局于 2005 年 8 月 23 日发出报告，在巴哈马群岛附近产生了第 12 号热带低气压，它是由第 10 号热带低气压残留云系演变形成。为了详细报告其移动路径，在随后的 7 天之内美国飓风中心陆续发出了 61 期警报。

8 月 24 日，第 12 号热带低气压加强为热带风暴，并命名为卡特里娜。美国联邦应急管理局为了更好地协助联邦、州和地方三级应急管理机构之间的预警工作，在国家飓风中心成立了飓风联络小组，同时可以提供最新报告。

8 月 25 日，飓风首次登陆，墨西哥湾沿海各州开始成立紧急响应小组，宣布进入紧急状态，开始全面的应对准备工作。应急管理局组织了第一次电视电话会议；与此同时，肩负应急响应任务的应急管理局先遣队处于待命状态，它是派往救援现场的首支队伍，由快速需求评估与应急响应小组构成。

美国飓风中心于 26 日预报了卡特里娜飓风最新路径，将于 8 月 29 日经过新奥尔良东部，这一预报极为关键，它将飓风在新奥尔良市附近登陆这一消息提前了约 56 小时通知给联邦、州和地方政府，使其有时间组织应急响应。

卡特里娜飓风于 27 日加强为 3 级飓风，在较短时间内继续加强为 4 级，随着时间的推移，巨型风暴潮将在其移动路径前方产生，并且其强度于 28 日的 6 个小时内从 4 级增大到 5 级。

时任联邦应急管理局局长布朗于 8 月 30 日被时任国土安全部部长切尔托夫任命为联邦主管，主要承担卡特里娜飓风的响应工作，为部长提供实时最新的事发地现场报告，并做好相应的管理工作，主要是协助处理联邦突发事件以及推动对统一指挥体系的联邦支持。与此同时，切尔托夫还宣布卡特里娜飓风是全国影响性的突发事件；为了支持应急管理局的工作，北方司令部和参谋长联席会议得到了时任国防部部长助理戈登·英格兰的授权，针对救灾行动可以采取任何适当的措施来做出计划并实施。为协调愈来愈多的军队参与救灾工作，北方司令部建立了卡特里娜飓风联合行动组，地点位于谢尔比军营。

8月31日，为弥补灾区被破坏的通信网络，全国跨机构消防中心共提供了3200部电台、38个卫星通信系统和其他若干通信设备，此外，国防部开始全力向灾区运送尽可能多的通信物资。同一天，为了给卫生和福利部提供便利，时任部长李维特宣布墨西哥湾沿岸地区处于联邦公共卫生紧急状态，这样可以减去一些对医疗保险、医疗补助和州儿童健康保险计划的苛刻要求，并且可以更加快捷地批准补助金和参加医疗计划。

9月1日，约三千名现役军人形成联合行动组，驻扎在飓风影响地区并由陆军霍诺拉中将指挥。军队人员在参与救援行动的同时，还帮助联邦、州和地方机构完成了诸如下水道抢修、海上救助、航空交通管制、救援人员住宿安排以及燃料分配等工作。军用直升机也参加了963架次搜救、撤离和物资运输任务，国防部还进行了多次航空灭蚊喷洒作业，范围超过两百万英亩，以防止蚊虫传播疫病及与水有关的疾病发生。

为了协助新奥尔良市和周边地区的相关执法人员行动，两位高级联邦执法官员分别代表司法部和国土安全部于6日建立了执法协调中心，地点位于新奥尔良市。10日，应急管理局的城市搜救队工作完成，宣告整个密西西比州的任务结束。

新奥尔良市于12日完成了主要的地面搜救，将工作重点转移到进入建筑物搜寻幸存者和遇难人员，进行了为期两周的地毯式搜救；路易斯安那州的搜救工作也基本宣告结束。

三、经验与启示

（一）加强应急准备工作

美国的应急准备工作所存在的问题在对卡特里娜飓风的响应期间表现得尤为突出。第一，缺乏对应急准备计划的了解，这就要求联邦政府要修改完善现行应急计划，同时需要国土安全部参与进来；第二，缺乏对全国应急响应的统一管理，这就要求政府建立有效的运作体制，明确工作流程，使得应急准备工作明晰而具有操作性；第三，缺乏区域性的计划与协调，这就要求各地方不仅要负责自己所管辖的区域，而且也要保证相互照应；第四，缺乏完善的政府内部指挥架构，这就要求各部门具备有序的组织、有素的训练、良好的装备，使得应急准备工作可以顺利进行。

（二）综合使用军事能力

美国在突发事件中综合使用军队能力所存在的问题在对卡特里娜飓风的响应期间暴露得尤为突出。第一，总统直接指挥现役部队，各州州长则领导国民警卫队，这就使得部队和警卫队之间的行动缺乏一致协调性，因此应该加强国民警卫队与现役部队的整合，并且使完善国土安全计划成为警卫队工作改革的重点。第二，现役部队受限于联邦法律和国防部的某些政策，导致应急初期国防部的资源部署进展缓慢，因为部队必须依据提出的救援请求得到上级批示才能参与行动，因此国防部必须对联邦政府应急响应行动予以支持，并且在特殊情况下的行动计划需由国防部领导政府来实施，这就要求国安部和国防部要携手合作。

（三）有效完备通信设施

联邦、州和地方政府的通信计划和通信设施不充足，在全国、州和地方的应急计划内既没有有效整合通信计划，也没有充分利用通信设施，造成资源浪费。因此白宫科学与技术办公室应该支持国土安全委员会制定全国紧急通信战略，保证通信具有可操作性和协同性。同时国土安全部应该重新研究现行计划、战略、法律和政策中有关通信的内容，使其更符合应急响应的需求。

（四）推进整合搜救资源

在对卡特里娜飓风响应期间后期的搜救过程中暴露出来的问题也亟待解决。由于训练和行动方式以及承担的救援任务不尽相同，军队、海岸警卫队以及应急管理局城市搜救队之间缺乏较好的协调一致性。而且缺乏在类似突发事件中的搜救指挥部使得问题更加突出，部门各自为政，救援任务无法有效部署，导致工作效率较低。为了有效整合政府的搜救资源，国安部应该率先在各部门间评估现行政策和程序，使其更加行之有效。

（五）加快基础设施恢复

主要有以下几个方面的问题影响国家重要基础设施的恢复能力：第一，三级部门各自为政，导致工作效率较低，这就要求联邦政府充分协调与州和地方的相应工作；第二，重要基础设施的保护与恢复工作缺乏统一管理，这就要求政府部门要提出跨部门应急支持工作小组来协调有关工作的调度；第三，各级部门展开应急行动过于仓促，导致设施的保护与恢复工作效率不高，这就要求联邦、州和地方事先必须对各地理区域的重要基础设施部门之间的关系有详细认知，并且要知晓他们的决策对全国可能造成的影响；第四，联邦政府缺少及时准确的现场信息对基础设施状况进行评估，因此，为了实现某次灾害对基础设施影响程度的快速评估，国土安全部应该在制定全国响应计划时允许私人部门参与其中，并生成临时全国基础设施保护计划，与此同时，为了达到支持基础设施恢复工作和减轻灾害对全国的影响的目的，联邦政府需要在全国响应行动的优先次序中体现出评估结果的重要性。

案例 6 "东方之星"号客船翻沉事件

一、案例简介

"东方之星"号客船翻沉事件，发生于 2015 年 6 月 1 日 21 时 30 分，"东方之星"号客船是隶属于重庆东方轮船公司的一艘客船，在从南京驶往重庆的途中突然遭遇罕见的强对流天气，并在位于长江中游的湖北省监利县水域沉没。在"东方之星"号客船翻沉事件发生后，交通运输部门、解放军、武警部队和公安干警、沿江省市等调集了大批专业搜救人员、消防官兵以及沿江地区群众，采取空中巡航、水面搜救、水下搜救、进舱搜救和全流域搜救相结合的方式，在事发地及下游水域开展全方位、拉网式搜寻。

在此次事件中，成功营救 12 人，442 人死亡。"东方之星"号客船翻沉

图 1—10 "东方之星"客船沉没现场

（图片来源：央广网）

事件是由突发罕见的强对流天气（飑线伴有下击暴流）引发强风暴雨袭击导致的特别重大灾难性事件。

二、案例回放

2015年5月28日，"东方之星"客船在从南京出发开往重庆，中途还停靠了南京多个港口。

6月1日21时，载有400多人的巨大客船，在距南京1400多公里长江中游的湖北水域突发翻沉。

6月1日22时，长江海事局下属单位岳阳海事局指挥中心接到来电，该船由于暴风雨而抛锚时看到两人沿江往下漂，因风雨太大无法施救而报警。最终那两人被海巡船救起，而且说明"东方之星"客船沉没。

6月1日23时，湖北省委省政府部门接到自救上岸的船上落水人员电话报警后，立即启动应急预案。

6月2日1时，长江干线水上搜救协调中心接报，重庆东方轮船公司所属旅游客船"东方之星"客船在长江湖北监利段突遇龙卷风瞬间翻沉。

6月2日5时，湖北省启动突发事件一级应急响应，成立水上搜救指挥部。长江航务管理局和省、荆州市、监利县已调集力量在现场开展紧急搜救。湖北已组织预备人员580人、武警1000人、公安干警600人、群众1000余人在事发江段开展巡查，全力配合水面搜救。湖南方面，出动安监、消防、公安、医疗等多个部门的大量人员和装备参与救援。

6月2日凌晨，华容消防等部门人员和装备已经赶赴现场，在现场附近的湖南华容洪山头新江渡口等沿江地带全力展开搜索。武警湖北总队抽调武汉、荆州、荆门、宜昌支队共1000多名官兵、40艘冲锋舟，赶赴现场展开搜救和外围警戒等任务。

6月2日早上，接国家卫计委通知，湖南湘雅二医院组建紧急医疗救援队赶往事发现场。

6月2日8时，长江干线水上搜救协调中心已协调34艘公务船及多艘过往船舶在现场搜寻，现场已救起9人。舟桥旅出动100余人，20台车，携带18艘冲锋舟，两艘救护汽艇，以及部分应急救援器材正在火速赶往事故发生地。

6月2日9时，14艘海巡艇、8艘航标艇、9艘冲锋舟、2艘长航公安艇、2艘地方海事艇、17艘社会船、100艘渔船，在事发江段开展搜救，5艘打捞船和20名潜水员正赶往事发地点，荆州军分区组织300人赶到现场。

6月2日上午，长江防总对三峡水库进行三次调度，减少出库流量，从17200立方米每秒减少到7000立方米每秒，紧急减少水库出库流量从而减缓水位上涨趋势，为长江沉船救援创造有利环境。海军从北海舰队、东海舰队、南海舰队和海军工程大学抽调潜水兵力组成140余人的搜救力量，携作业装备紧急赶赴湖北。

6月2日上午，救援指挥部开辟了专用通道，对救援车辆实行快速放行。事发地附近的荆岳大桥主线收费站、白螺匝道收费站、监利收费站实施救援通道免费放行。

6月2日下午，空降兵派出3架直升机巡视现场以及运送潜水员、物资。工信部调集应急通信车12辆、应急抢修车20辆以及卫星电话、发电油机等应急设备，全力保障救援现场通信。

6月2日11时，搜救人员试着敲击沉船的底部，随即听到了微弱的敲击回应。11时30分，第一批潜水员下水展开救援。然而，由于沉船地点江水混浊且水流湍急，施救遇到困境。3名潜水员与消防官兵商定，采用岸上固定、水下定点的方法进行搜救。12时许，潜水员准备进入沉船内部的房间施救时，却发现房门被散落的杂物堵住了。为了能够尽快救出伤者，潜水员只能将房门砸开。下午，现场出现由于水压过大，搜救力量短缺的情况。各方紧急调动潜水员，到2日晚上，施救蛙人计划增至183人，分班进行搜救工作。

6月2日15时40分，由南海舰队某基地和某作战支援支队组成的55人（其中潜水员41名，医疗、保障人员）的救援分队，从三亚凤凰机场乘坐救援专机火速抵达武汉，直接赶赴事发地点，连夜展开搜救作业。

6月2日21时，现场又增加了几艘大型起重船舶。从湖南岳阳赶来的500吨级打捞船湘岳工001轮已抛锚定位。22时15分，从武汉调集的200余专家及医护人员投入救治。公安部已派出工作组及9名法医、DNA专家，并紧急调拨救生衣、帐篷和10艘舟艇。截至21时，军队和武警官兵共出动4628人参与救援。截至23时，共搜救33人，15人生还、18人遇难。

6月3日凌晨，救援人员利用破拆工具，在船体上凿出救生洞孔，在夜间完成多次下潜搜救，从凌晨3时40分到早上7时从现场打捞起12具遗体。经过武警27个小时奋战，终于于晨间冒雨抢通了一条长3公里通往沉船事件现场的陆上"生命通道"，让搜救人员和设备到达现场更加高效方便。

6月3日中午，两个救援方案出炉：1）破舱，也就是打一个洞，然后潜水员再下去；2）依靠两艘500吨打捞船，把船首、船尾拎起来以后，然后扶正，再下去搜寻。现场救援力量兵分三路，第一路对露出水面的船底切割，第二路潜入十余米深的江底搜救，第三路沿江搜寻。起吊能力为500吨的两艘打捞船已赶到事件现场做好打捞准备工作。

6月3日21时，沉船超过48小时，救援人员对"东方之星"进行切割作业。救援人员将在船体底部中前部切开一个55厘米乘60厘米的长方形口子，为潜水员开辟搜救通道，以便进入舱体探查。

6月4日8时，救援人员在"东方之星"船底切割第三个探孔，继续进行生命探测，而此前切割的2个探孔都未发现生命迹象。此时距沉船发生已超56小时。

6月4日9时，4艘具有500吨起重能力的救捞船已经在旁待命，潜水员仍在水下不停搜救，200多名潜水员几乎达到身体极限。

图 1—11　潜水员从沉没的"东方之星"客轮上救出了一位幸存者

（图片来源：法新社）

图 1—12　"东方之星"客船被打捞出水

（图片来源：中新网）

6月4日17时，事故发生已达68小时，200多名潜水员仍在交替潜入船舱不停进行搜救。

6月5日，"东方之星"客船被整体打捞出水。船体破损严重，位于顶端的第四层受挤压变形为扁平状，船顶的桅杆、烟道等设备已经脱落，部分房间门窗已严重变形。

6月8日14时，"东方之星"船体内所有房间杂物移除，舱体通道保持通畅，舱内装修木质结构全部清除，并未发现遇难者遗体，底舱积水也排除完毕，舱体消毒全部完毕，船体内搜救正式完毕。随后，交通运输部长江航务管理局、轮船所属企业、湖北消防等6部门，联合完成对船体验收后正式实施封存。

三、经验与启示

当前，我国的改革发展正在逐渐深入开展，各方的利益关系日趋复杂，社会风险频频出现，突发事件时有发生，舆论引导工作至关重要。在这种情况下，被动舆论引导已无法满足新形势的需要，研究主动舆论引导的原则和方法已是当务之急，2015年6月1日发生的"东方之星"沉船事件为我们认识主动舆论引导的功效提供了范例。这个案例启示我们，要善于变被动引导为主动引导，以争取舆论引导实现好的效果。

"东方之星"沉船事件的舆论引导呈现出以下三个特点：一是整个救援行动得到社会舆论肯定，质疑声音少；二是事件中网上舆论大都是积极肯定的声音，谣言传闻少；三是救援行动受到西方媒体的积极评价，负面报道少。灾难事故过后，我国党和政府的形象非但没有受到负面影响，反而在国内外展现出对人民高度负责的形象。"东方之星"沉船事件是主动舆论引导的典范，对我们作好主动舆论引导有着重要启示作用。

（一）主动舆论引导，首先要做到及时公开

快速的反应最能体现政府的态度是负责任的。灾难事故发生之后，政府有关部门当马上启动相对应的应急机制，并且及时作出反应，不但可以表达出党和政府对该事件的关注，还能体现出党和政府对人民群众生命财产安全高度负责的态度。

信息公开以满足群众对于信息的需求。政府应当及时公开相关信息来提高政府应对突发事件信息的公开性和透明度，这样的措施不但有助于稳定群众情绪还有助于政府对于危机的治理，能够有效快速地发动全社会的力量共同参与到事件中来，起到压短危机时间的作用。

（二）主动引导舆论，体现关切态度

通过释疑解惑来压缩谣言传播的空间。新媒体的出现给新闻的传播提供了一个更加快捷高效的平台，但与此同时也给提供给谣言更为方便快速的渠道。通过政府专家的权威解读来解答民众核心的关切问题。对于灾难性事件来说，事故救援的实时情况及其原因等社会核心关切问题的解读和回应是非常重要的，而要解读和回应好这些核心关切问题，信息发布人员的人选和回应的方法就不能忽视。因为在一般情况下，解读者和信息发布者的专业知识水平、行政职务级别，以及对事件的理解程度等，都可能影响解读和回应的效果。

因此，我们要尽量让比较清楚情况的、行政职务级别相对较高的，相关专业知识比较丰富的人员来承担新闻发布会信息的发布和舆论的回应工作。如果是在一些比较专业的问题上，应该让相关的专家给出权威性的解释，这也有利于显示出第三方的客观与公正。在回应的方法上，应多运用事实和数据证明。

（三）主动设置议题，引领舆论解释框架

加强舆情的监测要做到适时地主动出击。议题设置应当根据社会关切度以及自身所掌握的信息，适时进行设置话题，而不是主观意志决定议题。发挥主流媒体的作用，把握好"时、度、效"。新媒体的发展引发了舆论的形成和传播模式都发生巨大变化，传统舆论的引导方式已经和现在舆论引导不相符合。注重新媒体的作用，全面体现全方位、立体发声。在主动舆论引导中，包括主流媒体在内，还应注重发挥新媒体、市场化媒体、地方媒体以及外国媒体的作用，实现全方位发声，牢握舆论引导的主动权。

案例 7　尼泊尔地震

一、案例简介

尼泊尔地震发生于 2015 年 4 月 25 日 14 时 11 分，地震级别高达 8.1 级，震源深达 20 千米，并在地震后一个月内发生 265 次 4 级以上余震。博克拉为此次地震的震中，烈度最大为 X 度，从震中向东延伸为重烈度区。经动力学分析，尼泊尔地震的直接成因为欧亚板块与印度板块挤压，造成欧亚板块沿北东走向的喜马拉雅山脉隆起。板块挤压时，欧亚板块遭受印度板块的北向俯冲，由于冲击应力力度大于岩石强度，导致逆冲断裂，并且在撞击的过程中爆发出庞大的能量。

地震致使尼泊尔约 51.7 万座建筑物部分损毁，另有 51.34 万座建筑物完全破坏，1.6 万所学校被损毁，4 个区域近 90% 医疗设施受到严重损毁，历史文物的破坏情况也十分严重，计算直接经济损失高达 50 亿美元。中国西藏自治区受地震影响，2511 户房屋坍塌、24797 户房屋损坏，82 座寺庙遭受破坏（其中严重受损 13 座、中度受损 18 座），直接经济损失共计 348.84 亿元，间接经济损失 471.17 亿元，共造成 8786 人丧生，22303 人受伤，我国西藏、孟加拉国、不丹、印度等地均造成不同程度的人员伤亡。

二、案例回放

该地震位于地震多发的喜马拉雅地震带，属浅源地震，地震是由于印度板块与欧亚板块碰撞产生，对我国境内的影响相对较小，是尼泊尔 81 年来遭遇的一次最强烈地震，同时在我国西藏的日喀则发生地震不是余震，全球进入强震活跃阶段，青藏高原或正处强震丛集期。尼泊尔、中国、印度、巴基斯坦、孟加拉国等地区和国家感受到明显震感，与尼泊尔接壤的西藏日喀则市定日县、吉隆县、聂拉木县震感十分强烈；地震导致喜马拉雅地区爆发了多场致命的雪崩。虽然首都加德满都与外界道路基本畅通，但受到崩塌、滑坡等次生灾害影响，部分交通线路受阻，供电十分不稳定，为地震救灾与震后重建增加了难度。

（一）地震过程

2015 年 4 月 25 日 14 时 11 分，震中尼泊尔北纬 28.2 度，东经 84.7 度爆发地震，震级 8.1 级，深度 20 千米。

4 月 25 日 14 时 45 分，震中爆发余震，震级 7.0 级地震，深度 30 千米。

4 月 26 日 7 时 16 分，震中爆发余震，震级 5.0 级地震，深度 10 千米。

4 月 26 日 15 时 09 分，震中爆发余震，震级 7.1 级地震，深度 10 千米。

17 天后，即 5 月 12 日，震中爆发了 7.5 级的余震，深度 10 千米。

（二）救援过程

地震的发生引起了全球的广泛关注，尼泊尔政府于地震当晚启动紧急预案，全面调动救援力量，并由军事部门主要负责救援。

4 月 26 日上午 5 时，中国政府派出经验丰富的国际救援队，前往尼泊尔参与地震营救，队伍由 62 名专业称职的医护队员、搜救队员、技术保障人员、地震专家组成。

我国派出的国际救援队在北京时间 4 月 26 日 12 时抵达尼泊尔首都加德满都，是国际上首先到达地震受灾区的获得联合国认证的国际专业救援队。之后，救援队分组前往震区，携带搜救犬开展工作。

5 月 1 日，依据联合国救援行动指挥中心以及尼泊尔官方的统筹安排，各个国家派遣救援队由加德满都向外扩散，依据地震发散区域将尼泊尔首都之外的受灾区划分成东、西、北三个区域，分别由美国、中国、荷兰三个国际救援队承担区域内国际救援的重任，加德满都以西至博卡拉的受灾区由中国国际救援队负责。

5月3日，各国家国际救援队工作完成开始逐渐撤退，联合国接待撤离中心协助进行撤离工作。5月4日凌晨，尼泊尔政府正式对外通告国际搜救行动结束，由搜救转入灾后重建。5月8日，中国国际救援队圆满完成任务，遵守国际搜救行动规范进行撤离。

三、经验与启示

此次尼泊尔遭受8.1级地震，震中烈度达11.3度，并多次产生7级以上余震，我国西藏日喀则市吉隆县、定日县、聂拉木县与尼泊尔接壤，震感十分强烈。该地震有以下几个特点：高寒缺氧，环境艰苦；山高路远，交通不便；民族地区，全民信教；经济落后，资源有限；高原环境，伤情特殊。针对以上特点我们有以下几点经验总结以及启示。

（一）高原灾害援救迫切需要"集中医疗资源，统一协调使用"的医疗统筹体系

以往发生灾害后，救灾指挥部通常使用分片包干的办法调动各省、市、军兵种医疗救护队展开救灾行动，缺少统一调度，导致多头领导的现象频繁出现，医疗队未能发挥其最大医疗能力，医务人力资源消耗巨大但效果不佳，难以最大限度发挥效能。这种现象出现的主要原因是各个医疗救援队伍组织结构不同，隶属于不同的军区管理，造成仪器设备、人员组成、后勤保障、药品耗材各个功能机制在短时间内无法高效协作运转。为了改善救援医疗效率，可以打破传统按组织部署，将救援队伍依据专业职能拆分为重症救治、卫生防疫、心理疏导、综合巡诊、健康宣教、辅助检查、外科手术、一线抢救等运作模块，拆分重组三至五个规模较大、设施完善的救援医疗队组

成临时医院，以各个重灾区为核心向外辐射进行救援和后续健康维护。

（二）加强培训和组建国家等级高原应急医疗救护队

处于欧亚板块和印度板块交接的我国西南部，是地震多发的潜在地，尤其是高原地区多位于地震活跃带。据记载，我国90%以上的5.0级以上破坏性地震均在高原山地地区发生，且青藏高原曾发生9次8级以上地震，78次7—7.9级地震，并且呈现出增多和变强的趋势。依据玉树地震等高原地震救灾经验，来自平原地区的救护人员初次进入高原后十分容易产生不同程度的高原反应，常见的有鼻出血、头晕、胃肠道反应、心悸等，严重的甚至爆发肺水肿、急性高原脑水肿。并且内地平原地区的语言沟通、宗教信仰、生活习惯与高原地区的居民有很大差别，医疗队与当地人民沟通存在一定障碍，导致医疗优势难以完全发挥。目前我国已经建立了自己的国际救援队、国家救援队以及各种省级救援队，却缺乏针对不同地理区域的专业医疗救护队伍。所以，我国政府应当依托于高原常驻部队医院，有针对性地投入人力、物力、财力组建高原适应能力强、专业化水平高、机动性强的高原应急医疗队。

（三）创建高原医疗物资储备库

当地震等灾害爆发后，往往需要大量的医疗物资来进行救护，但由于西部高原地区经济条件落后、交通不便、医疗水平较低，受灾区通常不能及时获得医疗物资的补给，不能满足高原受灾区的救护需求。尤其是卫生用品等应急储备，品种繁多且门类复杂，医疗器械和抢救设施仍然依赖于当地医院等资源储备，灾害发生时，这些医疗设施难以调动，且高原地区气候恶劣、地形复杂，运载力低的交通路段将优先向灾区运送生活和救灾物资，因此不能为医疗物资提供保障，存在物资短缺的风险。

案例 8　智利森林火灾

一、案例简介

　　智利森林火灾是指 2015 年 3 月 13 日，智利沿海地区森林发生的火灾。由于瓦尔帕莱索市外的一处非法垃圾倾倒处最先起火，且当时风比较大、气温偏高，火势迅速蔓延并在当天晚间失去控制，浓烟直冲云霄，威胁港口及邻近的两座港口城市。智利当局当天宣布这两座城市进入紧急状态，周边大约 5000 名民众紧急撤离，并预防性撤离 1.6 万民众。火灾发生以后，智利军方出动了 7 架飞机，8 架直升机，12 支救援队参与了灭火救灾。据智利国家紧急事务办公室估计，截至当地时间 13 日晚，这场火灾过火面积达 5 平方千米。最终火灾致使 1 人死亡，至少 21 人受伤。

图 1—13　智利森林火灾

（图片来源：环球网）

二、案例回放

每年 11 月至第二年 4 月是智利的森林防火期，干旱少雨，此期间森林火灾发生数占全年的 96%，最多的月份为 1 月，占全年火灾发生数的 1/3。智利森林火灾发生的主要地区为交通线路附近以及居民聚集地。智利森林火灾中人为火的概率占 99%，比如烧荒、野外吸烟等。

2015 年 3 月 13 日下午，智利中西部的港口城市瓦尔帕莱索市外的一处非法垃圾倾倒处最先起火，大火从一片草地和一片松树林燃起，邻近一条通往港口城市瓦尔帕莱索的主要道路，由于当时风比较大而且气温偏高，火势迅速蔓延。因此这座历史名城以及另一座港口城市比尼亚德尔马受到威胁，5000 多名居民被迫紧急疏散，智利政府宣布这两座城市进入紧急状态。

3 月 13 日晚上，火势失去控制，并向瓦尔帕莱索市和相邻的比尼亚德尔马市逼近，超过 1200 英亩大约 485 公顷的土地在燃烧。由于当地的气温接近 30 度，湿度却很小，风速达 20—30 公里每小时，个别的火点容易死灰复燃。截至当地时间 13 日晚，这场火灾过火面积达 5 平方千米。当局宣布在火灾发生地区发布红色警报后，一名 67 岁的老妇受到惊吓，突发心脏病去世。大火发生以后，智利政府为了帮助尽快灭火，除了派军队、警察去当地维持秩序、疏散人群之外，还特地从全国各地调集了近 60 名消防人员配合当地的民防部和消防部门进行灭火工作，智利军方出动了 7 架飞机，8 架直升机，12 支救援队参与了灭火救灾。

3 月 15 日中午，智利内政部副部长阿雷乌伊举行记者招待会向媒体介绍了救火的最新进展情况。目前为止火势还没有得到控制，但是仍在采取一些措施来阻止火势进一步蔓延，以免波及居民居住的地方。

截至 3 月 15 日，这场大火造成了 1 人死亡，21 人受伤，这 21 人当中有 15 个人是消防人员，有 2 个人伤势严重。由于火灾情况稳定，大部分人回到了自己的家园，当地的通信和网络设备运营回归正常。另外，智利当地政府设立了多个火灾灾民临时安置点，为部分灾民提供帮助。

从 2015 年 7 月份到 2016 年 5 月份为止，一共有 40.845 公顷的林业面积受到火灾的影响，但是比之前减少了 68%。这得益于天气影响及政府对这方面的投入，林业部门能够有更多人员和工具参与到防火工作中去。除马乌莱大区之外，其他大区受到影响的绿化面积都明显地减少了，特别是瓦尔伯莱索和湖大区。另外，积极宣传防火工作的团队教导市民提高防范意识，不要随便燃起篝火。现在林业局有 140 多名林业防火人员，并且又新购进了两架消防飞机，更加先进的设备也帮助了林业局能够更好地投入到防火中去。

三、经验与启示

森林火灾不仅破坏森林资源，造成地表裸露，严重危害生态环境，更是扰乱社会稳定，对人们的生命财产安全造成极大的威胁。综合来看，主要获得的经验与启示如下。

（一）不断完善相关法律法规，从制度层面保障森林安全

要加强火源管理以及私人林场日常用火的安全规范。由非生产性火源引起的森林火灾比例近些年正在逐渐上升，以智利森林火灾为例，很多火灾的罪魁祸首是人为纵火。因此，有必要采取一定的限制措施控制非生产性火源进入林区，做好私人林场日常用火的安全规范，从而减少因非生产性火源引发火灾的次数。

智利目前在森林保护方面仍然沿用的是 1931 年制定的《森林法》，对因用火不慎造成火灾的责任人仅施以 61 天拘留和数额有限的罚款，相比其他国家和地区，智利目前其在该方面的犯罪成本较低，在一定程度上难以对故意纵火造成较大威慑。这显然已经与现代社会的发展不相适应，因此，必须不断完善森林防火相关的法律法规，在制度层面保障森林安全。

（二）构建林火防范部门间协调机制，提高森林火灾处置效率

一旦发生森林火灾，应急处置时必然涉及多个政府部门，如果部门之间不能形成良好的协调合作机制，将会极大影响应急处置的效率。智利设有国家紧急事务救援委员会，同时还设置了国家紧急事务办公室，负责各类自然灾害紧急处置工作。智利国家紧急事务办公室最初是智利军人政府为民防目的而设置的，随着经济的发展，逐渐扩充了减灾和预防自然灾害的职能，保护人民生命财产安全和国家各种自然资源。智利国家紧急事务办公室隶属于智利内政部，其工作由紧急事务救援委员会指导。

森林火灾发生后，由于影响范围之广，波及面之大，单一部门很难独立完成对森林火灾的控制，构建林火防范部门和地区间的协调机制。发生火灾时，跨部门、跨地区协同合作，形成合力，快速反应，有效处置，使森林火灾在最短时间内得到有效控制是处置森林火灾的有效途径。

（三）加大资金与科技投入，提高森林火灾监测预警能力

要对林火科技等相关研究投入大量资金，在管理上做到全面专业、技术精良，提高林火部门的防火能力和管理效率。预警监测是森林火灾发生之前的重要工作，通过科学技术和手段对火灾发展的趋势进行预测，科学地做好应急准备工作。记录森林火灾发生的特点，将信息录入数据库，在监测方面下足功夫，确定火灾发生的主要位置，分配相关人员从事森林火灾监测预报工作。加强对森林火情的监测，并通过对历年森林火灾发生记录的分析掌握森林火情的变化趋势。

防火相关部门要及时监测造成林火灾害的因素并对此进行预测分析。首先，利用卫星等火灾监测系统监测火灾状况，并对火灾情况做出报告分析。其次，通过卫星监测、实地考察、资料整理等相关渠道收集林火信息后，要对灾害可能发生的风险进行评估，根据评估结果要及时采取对应的防控措

施，并进行预测信息发布。最后，防火部门在接收到预警信号后要提高警惕，启动相关应急预案，安排各部门准备防火设备，进入防火待命状态，根据情况随时进入森林火灾处置工作。

（四）加大森林消防等人财物投入，完善森林火灾应急资源配备

目前，智利消防员全部是志愿制的，没有现役和职业消防员。消防局在防火方面的设备均由政府出资，消防员志愿者除了轮流值班外，平日里都有自己的工作。但一旦发布预警信号，消防员志愿者则会参与到灭火行动中。智利消防的非专业化，一定程度上节省了相关开支成本，但是这也会降低消防人员在防火、灭火方面的专业性。此外，在森林火灾防范和应急处置方面，应急资源的配备也尤为重要。以美国为例，其注重建立立体救灾系统，各大城市均设有航空消防队，消防作战全面电脑化，且装备齐全。只有建立了专业化的消防力量，同时完善森林火灾的应急资源配备，组建志愿式的社会应急力量，有计划地组织安全知识培训，加强实战训练和灭火演习，才能够更有效、更快速地处置森林火灾。

（五）加强宣传教育力度，强化公众防火意识

减少森林火灾的重中之重是做好火灾预防工作，在注重排除森林火患的同时更要做好防火宣传工作。每年一到夏季，智利就会频发森林火灾，而政府部门却并没有行之有效的措施加以遏制，民众对于森林火灾的认识仍然不够。因此，对于林业资源丰富的智利，在防控森林火灾方面，必须在平日里做好防火宣传工作，加大宣传力度，让群众把防火工作重视起来。

宣传防火并不只是林业系统的工作，更是全社会共同承担的责任。每一名公民都应了解、传播森林火灾的防火灭火知识，尤其是宣传力度薄弱的地区更是应该增加宣传内容，扩展宣传方式，全面做好森林防火宣传工作。

第二章　事故灾难应急管理

天津滨海新区爆炸事故

一、案例简介

天津滨海新区爆炸事故发生于 2015 年 8 月 12 日 23 时 30 分许，位于天津市滨海新区的瑞海公司的危险品仓库运抵区（"待申报装船出口货物运抵区"的简称，属于海关监管场所，用金属栅栏与外界隔离）。爆炸波及了天津塘沽、滨海等地，而且河北河间、肃宁、晋州等地均有明显震感，爆炸事故造成了轻轨东海路站及周边居民区建筑物出现不同程度受损。

此次事故造成 165 人死亡（其中参与救援的公安消防人员 24 人、天津港消防人员 75 人、公安干警 11 人，瑞海公司以及周边其他企业员工和居民合计 55 人），有 8 人失踪（其中天津公安消防人员 5 人，周边其他企业员工，以及 3 位天津港消防人员家属），798 人受伤（重伤员 58 人、轻伤员 740 人），304 栋建筑、12428 辆汽车、7533 个货物集装箱损坏。截至 2015 年 12 月 10 日，依据《企业职工伤亡事故经济损失统计标准》等相关统计标准和规定的统计结果估计，已初步核定的直接经济损失达 68.66 亿元，成为中国近年来损失最大的灾难事件。

图 2—1　天津滨海新区爆炸区域示意图

（图片来源：百度百科）

二、案例回放

2015 年 8 月 12 日 23 时 30 分许，位于天津滨海新区第五大街与跃进路交叉口的一处码头上堆放的集装箱接连发生爆炸，爆炸事故的起因是现场集装箱内存放易燃易爆品突发燃爆。现场不仅燃起大火，而且在爆炸的集装箱处升起了约数十米的巨型蘑菇云，火光染红了爆炸点的上空，现场到处可见火焰四溅的场景。第一次爆炸发生在当日 23 时 34 分 6 秒，爆炸引发的地震近震震级约为 2.3 级，相当于引爆了 3 吨 TNT；第二次爆炸在 30 秒钟后发生，近震震级约 2.9 级，相当于引爆了 21 吨 TNT。

8 月 12 日晚 23 时 50 分，事故发生 20 分钟后，天津港公安局消防支队率先抵达事故现场。

事故发生 20 分钟后，现场消防支队报告瑞海公司物流危化品堆垛出现火灾险情。收到现场报告后，天津消防总队迅速从消防中队调遣了 93 辆消防车和 600 余名消防官兵赶赴现场。

8 月 13 日凌晨 1 时左右，成立了此次事故应急总指挥部，地点设在区政府指挥中心，指挥部包括五个工作组，分别是维稳群众工作组、伤员救治组、事故现场处置组、事故原因调查组和信息发布组，各个组迅速开始协同工作，全方位开展救援以及善后处理等其他各项工作。交通运输部部长杨传堂率工作组赶到天津滨海新区危险品仓库爆炸事故现场。

8 月 13 日早上 8 时，距离爆炸已经有 8 个多小时，由于沙土掩埋灭火需要很长时间，使得大火仍未完全扑灭。同时，相关企业负责人已被控制。

8 月 13 日 10 时，应急指挥部召开会议决定，暂停现场救援工作，等待对现场的进一步勘察后再采取下一步措施。

8 月 14 日 16 时 40 分，现场明火被扑灭。

8 月 15 日上午 11 时许，现场指挥部下达指令，要求距离爆炸核心区范围三公里内人员全部撤离。

8 月 15 日上午 11 时 20 分左右，北京卫戍区防化团首次进入瑞海公司危险品仓库爆炸核心区建筑搜救生命。

8 月 15 日 19 时，公安部消防局从河北消防总队调集了 3 个支队的 3 个化工编队，共计 43 部车 232 名官兵到场增援，从北京总队调集 2 部核生化多功能侦检车到场处置。从辽宁、江苏消防总队征调核生化侦检编队共 6 辆消防车 30 名消防官兵到达天津滨海新区爆炸事故现场，配合处置。

　　8月16日上午，氰化物的位置已确认分布在两个点，初步判断有几百吨。对已炸开外露的将及时清理，用化学品中和；对大面积分散的将采取分围方法，砌墙围起来；对成桶未损坏的将其及时清运，撤离现场。

　　截至2015年8月16日上午，北京军区共抽调国家级核生化应急救援人员、工程抢险人员和医疗专业救治人员共计1909名，调用了专业装备和指挥保障装备201台，投入搜救。

　　截至事故发生后24天，开始对现场进行清理工作，已经清理完核心区大部分集装箱，施工队伍拆除了附近受损的派出所大楼，并清空爆炸点南侧区域以空出大范围的位置。

　　2016年2月6日，国务院批复了此处天津港火灾爆炸事故调查报告。

图2—2　天津滨海新区爆炸事故发生时
（图片来源：中新网）

　　事故调查报告指出，事故发生的直接原因是：涉事企业的仓库存放的集装箱内硝化棉出现局部干燥，由此引发自燃，进一步引起相邻集装箱内其他危化品的燃烧，燃烧的热量导致运抵区的硝酸铵等危险化学品发生爆炸。

　　同时，报告事故也划分了各个环节中的主要责任人员以及责任单位，并对相关人员进行了刑事强制措施和其他处罚，对相关责任单位给予了行政处罚。

图2—3　天津滨海新区爆炸事故发生后

（图片来源：中青在线）

三、经验与启示

在事故发生以后，救援过程取得了很大的成绩，最大限度减少了事故灾害的损失和人员的伤亡，此次事故的救援处置过程的经验可以总结为：

一是认真贯彻落实党中央国务院决策部署，及时传达国家主席习近平、国务院总理李克强等中央领导同志重要指示批示精神，先后召开十余次会议，研究部署应对处置工作，协调解决困难和问题。

二是协调调集防化部队、医疗卫生、环境监测等专业救援力量，及时组织制订工作方案，明确各方职责，建立紧密高效的合作机制，完善协同高效的指挥系统。

三是深入现场了解实际情况，及时调整优化救援处置方案，全力搜救、核查现场遇险失联人员，千方百计救治受伤人员，科学有序进行现场清理，严密监测现场及周边环境，有效防范次生事故发生。

四是统筹做好善后安抚和舆论引导工作，及时协调有关方面配合地方政府做好3万余名受影响群众安抚工作，开展社会舆论引导工作。

五是科学严谨组织开展事故调查，本着实事求是的原则，深入细致开展现场勘验、调查取证、科学试验等工作，尽快查明事故原因，给党和人民一个负责任的交代。

虽然此次事故得到了比较完善的处置，事故调查报告已经公布，但是，除了在事故报告中之处的问题之外，在整个事故发生的过程中也存在很多问题和教训，这些经验教训可以为以后的事故应急处理提供宝贵的材料。

（一）危机意识淡薄，应对危机能力薄弱

此次事故的爆发和应急处置过程缺乏危机意识和应急能力不足的问题。对于这个被辜负的相关部门来说，自身作为处理危机过程中的关键一环，严重缺失方法危机的意识。此次事故中，涉事企业瑞海化工原本就存在严重的安全问题，政府部门很早就知道这个企业管理运作等诸多方面不规范，却没有及时采取有效措施进行管制，最终酿成了这次的重大事故。令人叹息的是，即便是在事故发生之后，这些部门处理事务的方法仍然没有改善。2015年10月12日，天津北辰区仓库起火爆炸，起火原因为酒精原料外溢引燃。不久后，大火在整个仓库蔓延开来，并引发了爆炸，第二天凌晨，最终大火被赶来的消防部队扑灭，没有出现人员受伤。后来事故调查表明，事发起因是涉事企业非法将易燃易爆品存放在私人仓库中。仅仅时隔两个月，几乎是同样类型的事故发生，这就表明了政府主管部门的处理事故态度之不严谨以及危机意识之淡薄。诚然，在发生爆炸事故后，政府也开展了集中清理整治活动。但安全生产管理和危机管理不能是"运动式"的，危机防范意识应该存在于日常管理的方方面面中。如果没有将危机管理纳入到日常生产管理，就会导致政府监管部门出现懒散的状态和侥幸的心理，缺乏正常的该有的危

机防范意识，平时管理失责，一旦事故爆发，就只会手足无措，甚至会由于惊慌而胡乱指挥，使危机进一步恶化。

（二）危机信息公开不足，处理失据

一旦危机出现，管理社会舆论和安抚群众心理就是一个巨大的难题，恐慌等心理状态会让民众失去理智分析，偏信社会谣言。在此次事故发生之后，各种谣言在社会上和社交媒体上迅速蔓延开，如"北京地区监测到有毒气体成分"、"事故现场死伤无数"、"天津民众哄抢超市，准备逃离天津"等等。这些谣言的发布以及快速传播，在社会上造成了严重的不良影响，引起了大范围的恐慌。在8月14日凌晨，还有一名网友自称是天津港爆炸事故的罹难者家属，发布微博打赏文章，并获得了超过3500名网友的募捐，诈骗金额高达9万元。

诚然，很多因素造成了这种现象的发生，但归根结底还是由于政府自身对于舆论的管理的忽视和不足。近几年网络的高速发展来看，我国的信息环境已经发生了翻天覆地的变化，信息技术的快速发展，使得互联网开始成为信息传播的主要方式。权威媒体没有公布或者没有及时公布事故信息，一些小道消息就会通过非主流媒体渠道快速传播开来。上述的大部分谣言就是通过微信朋友圈、新浪微博等方式在社会中传播的。政府危机主管部门不及时公布官方权威数据，公众对于危机事故实际情况不够了解，加上对于事故影响的恐惧，这些都会在普通民众中造成大面积恐慌。政府部门不及时公开实际事故信息，就无法建立政府的公信力，就不能取得民众的信任，民众没有从官方渠道获得自己关切的信息，小道消息就会乘虚而入，而民众就会带偏见地去相信这些信息。这种方式，往往使政府自身在危机信息管理中处于被动。

我国很多地方政府往往将事态控制在自己的辖区之内，向上级报喜不报忧，甚至对于一些事件干脆不上报。对上级掩饰，向民众隐瞒，从而不被追

责。这种"传统"的病态的处理方法和信息传导模式的存在，使得政府在管理舆论时显得公信力不足。同时，政府公布信息不及时，会给舆论管理带来不必要的麻烦。在此次事故之中，门户网站上消息已经满天飞了，政府部门才最终召开发布会，给民众一种政府不积极处理危机的感觉。这在一定程度给了各种谣言可乘之机，引发公众的恐慌，甚至是对政府的不信任。而且后来政府部门不得不持续公布空气监测情况，并且花费大量的时间和精力来辟谣，让民众安心。这从客观上，使危机管理工作更加复杂化。因此，在事故发生以后，加强危机信息管理至关重要，管理好相应的信息资源，才能体现政府危机管理能力。

案例 2　山西襄汾新塔矿业尾矿库溃坝事故

一、案例简介

2008年9月8日7时58分，新塔矿业有限公司位于山西省襄汾县的980平硐尾矿库发生溃坝事故。该溃坝事故泄容量26.8万立方米，过泥面积高达30.2公顷，对下游500米范围内的矿区办公楼、职工公寓和部分民宅基地造成不同程度的破坏，最远影响距离达2.5公里，同时对周围525亩范围内水土生态造成严重破坏。

该起事故最终共计造成277人死亡，4人失踪，33人受伤，直接经济损失高达9619.2万元。经查明，该起溃坝事故是由矿业公司违建、违规生产和违规排放尾矿所致，共计113名相关责任人受到查处。

图2—4　山西襄汾新塔矿业尾矿库溃坝事故

（图片来源：新华网）

二、案例回放

2008 年 9 月 8 日 7 时 58 分，新塔矿业公司位于山西省临汾市襄汾县陶寺乡云合村的铁矿 980 尾矿库坝坡发生拱动现象，坝体瞬间坍塌，尾矿库中共计 19 万立方米的砂浆顺着山腰倾泻而下，对下游职工公寓、办公楼和其他公共设施造成不同程度的损坏。事发后第一时间便引起国家领导的高度重视，要求尽全力组织搜救工作，并认真做好善后工作。调查事故原因，依法追究相关法律责任，吸取事故经验，以加强安全生产管理工作。

9 月 8 日 8 时 30 分到 9 时间，襄汾县消防救援队和公安局的救援队陆续赶到塔儿山矿区。

截至 9 月 8 日晚，超过 1000 名当地武警官兵和公安人员等参与救援工作，投入大型救援机械 19 台。事故现场深度达 20 米的泥石流以及库区地形复杂等因素，导致救援工作出现了极大困难。

9 月 9 日，山西省派出高水平医疗专家对溃坝事故中 35 名受伤人员进行救治，5 名危重病人中 1 人病情仍不稳定。

9 月 10 日 12 时，从临汾市全市范围内抽调的 38 部卫生防疫应急车辆和 260 名卫生防疫人员全部集结到位。截至当日 17 时，事故现场 60% 的工作面已经铺开。

9 月 11 日，国务院正式成立 "9·8" 特别重大尾矿库溃坝事故调查组，时任国家安监总局局长王君任组长，调查组还邀请了最高人民检察院参加这次事故调查。

9 月 12 日，事故矿山重新并入主电网，供电全面恢复。同时，受损光缆也已经抢通，通信基本恢复。石油部门也成立了成品油保障协调小组，为搜救车辆 24 小时供油。

前 4 天的搜救中，当地共出动预备役民兵 2500 多人，调用武警、公安 2800 多人次，医疗救助 2100 多人次，全力抢险救援。随着救援工作接近尾声，现场医疗防疫逐渐成为重点。

截至 9 月 13 日 12 时，唯一的水源水质检测结果正常，苍蝇、老鼠等分布密度也未发生明显变化，尚未发现任何疫情。

9 月 14 日，事故后期抢险指挥部全面接替事故抢险指挥部的工作，事故抢险工作开始进入后期，15 日开始搜救工作从大规模的翻掘转入对重点区域的排查阶段。

9 月 16 日，临汾市制定出台襄汾溃坝事故伤残人员、鳏寡孤独及困难群众安置的办法、残疾赔偿和一次性补偿标准。

10 月 2 日，张江德江赶往临汾市亲自检查指导该次事故处置工作。事故调查组通过深入尾矿库第一线，根据事故现场具体实情，指导现场搜救和排险工作。

图 2—5 山西襄汾新塔矿业尾矿库溃坝事故救援

（图片来源：新华网）

2009 年 2 月 10 日，官方公布事故调查报告，确定死亡人数 277 人，安葬及赔偿工作已安排妥当，有序进行中。

5 月，国务院对山西襄汾"9·8"溃坝事故调查报告做出批复，矿业公司领导、当地安监质监系统和政府分管领导共计 113 人受到相关责任追究。其中移送司法机关 51 人，并追究刑事责任，受到政纪、党纪处分共 62 人。

三、经验与启示

"9·8"山西襄汾新塔矿业尾矿库溃坝事故是 2008 年我国重大的突发事件，因非法建设尾矿库、违规筑坝排放尾矿引起，也是近年来死亡人数较多的一起特大责任事故，损失巨大，影响恶劣，教训深刻。调查显示溃坝事故发生的直接原因是矿业公司在未经相关建设和生产职能部门批准的情况下，在不宜进行生产建设的山体违规建设和生产，导致周围山体长期承受较高的水平和垂直荷载。同时，库区内采用的防水隔膜做法不符合行业标准，致使水体渗漏，长期腐蚀坝体土质，逐渐沙化，最终由于土体荷载超过土体极限承载力导致坝体失去固结平衡，整体发生溃坝。我国的公共应急管理制度建设取得的长足进步在山西襄汾新塔矿业尾矿库溃坝事故应急处置中也得到了较好的体现。在该次事故救援中，我国的应急救援体系也发挥了重要作用，保障了救援工作的高效运行。

（一）各级领导高度重视，通力配合

事故发生后第一时间，党中央国务院、山西省委、临汾市委均高度关注，并积极指挥救援工作，为现场救援和群众安抚带来了极大的信心。三级政府的通力配合，各司其职，为整个搜救工作有条不紊的进行提供了有力保证。各级领导不顾二次溃坝风险，深入溃坝事故现场，现场指导救援工作，给了现场救援官兵极大鼓舞。事故调查组成员深入事故现场和尾矿库库区一

线，研究库区地形和灾害致因，走访当地居民，制定救援和善后方案，指导现场搜救和排险工作。在市委、市政府的统筹安排下，各部门积极维护救援现场秩序，保证救援工作的高效运行。

（二）科学统筹，全力营救

由于事故现场存在地形复杂、搜救范围广、受灾群众分布散乱等特点，现场指挥部在面对事故现场过于复杂的情形下，及时调整制定专项救援方案，科学划分五大作业片区，绘制现场抢险指挥图，每个工作区配备一名县级干部指挥救援。整个搜救过程中，地方武警官兵、当地公安干警、预备役、民兵和医疗救助、卫生防疫、气象等单位通力合作，全力投入救援工作，为整个搜救工作提供了全面保障，不放弃一线生机，为抢险救援工作付出了艰辛努力和巨大贡献。

（三）以人为本，尊重民意

在整个搜救过程和善后工作中，积极听取群众意见，充分尊重群众意愿，尽力满足受灾群众提出的各项要求，制定科学合理的补偿方案，合理公正地评估每户家庭损失，保障了整个善后工作的稳定持续进展。全市没有发生一起群体集体上访事件，有效地保证了当地社会稳定。在抢险救援工作中，一旦搜救队伍发现遗体，现场停止机械作业，力保遗体的完整性。事后，当地公安机关还对遇难人数认真进行调查核实，并进行法医检验。

（四）全面动员，积极参与

由于溃坝现场搜救面广，襄汾县本地搜救人员有限，临汾市抢险指挥部先后从消防、武警等部门紧急抽调专业救护队伍参与此次抢险，同时从周边大中型煤矿企业和周边市县紧急借调大型机械成立专项搜救队，社会各界也自发地组织搜救队伍或者为抢险工作提供后勤物资保障。全民动员，积极参与，最终使抢险救援工作得以顺利开展。

为避免该类事故的发生，针对新塔矿业尾矿库溃坝事故存在的信息报告机制不完善、事故研判不力、应急救援能力不足等问题，应着重加强以下三方面的工作，主要有：（1）强化尾矿库安全监管工作。有尾矿库的企业应建立相应安全管理制度，并做好相应的应急救援方案，并组织员工做好应急演练工作，建立行之有效的应急反应联动机制；（2）完善基层应急机构建设。如公安消防、地震、矿山、医疗救护等专业救援队伍建设；另外，应加大力度整合应急救援资源并建立应急资源数据库，提高应急救援能力；（3）加强尾矿库专项整治。针对尾矿库不断加强安全规章标准建设、尾矿库安全生产许可及综合治理等工作。

案例 3　福建紫金矿业污染事件

一、案例简介

福建紫金矿业污染事件发生于北京时间 2010 年 7 月 3 日 15 时 50 分左右。紫金矿业直至 7 月 12 日才发布公告，瞒报事故 9 天。事故地点位于福建省上杭县紫金矿业紫金山铜矿湿法厂，有 9100 立方米的含铜酸水外渗引发汀江流域部分水域严重污染。其中，汀江部分江段出现大面积鱼类死亡，仅棉花滩库区死鱼和鱼中毒约达 378 万斤；饮用水源也遭受污染，此次污水中主要含金属元素铜，而铜具有"累积效应"，长期摄入会产生慢性中毒。离矿业最近的碧田村在过去的 10 年共有 40 人患癌症，35 人已经死亡。仅距一

图 2—6　紫金矿业污染事件影响

（图片来源：新华网）

山之隔的武平县，由于矿业的不断开采，其附近的悦洋片村在过去 5 年内有 60—70 人死于胃癌、肺癌、食道癌、肠癌。

此次事故为一起铜酸水渗漏事故，造成紫金矿业直接经济损失 956.313 万元。这是一起由于渗漏造成汀江下游水体污染和养殖鱼类大量死亡的重大环境污染事故，多名事故责任人受到责任追究，企业形象损失严重。

二、案例回放

2010 年 7 月 3 日 15 时，紫金山铜矿湿法厂污水池的水位出现异常下降现象，由于各堆场及各溶液池底未经硬化，防渗膜承受压力不均导致破裂，池内部分酸性含铜污水外渗并通过地下涵洞流进汀江，严重污染汀江流域。上杭县城区部分自来水厂停止供水 1 天。其间，紫金矿业公司发现污水渗漏并进行了紧急处置，但由于处置能力有限且没有及时将事件报告给当地政府及相关部门，最终导致大量污水外排。

7 月 3 日 19 时后，当地政府接到群众举报，立即着手组织环保、安监等相关部门排查污染源。

7 月 3 日 23 时，政府通过排查确定了肇事企业，并采取系列应急处置措施。

7 月 4 日 14 时，通过及时的应急处置，外排污水得到有效控制。

7 月 13 日，铜矿湿法厂无限期停产，并开展全面整改，同时将按照事故调查结论承担相应的事故责任和经济赔偿。当地政府对部分死鱼进行快速打捞、填埋和无害化处理，活鱼放回汀江，并与养殖户签订协议，按每斤 6 元收购网箱鱼。

7 月 13 日，经过 12 日 A 股和 H 股同时停牌之后，紫金矿业复牌后股价双双大跌。

7 月 14 日，紫金矿业接到通知，中国证券监督管理委员会福建监管局将对紫金矿业铜酸水渗漏事故信息披露问题进行专项核查。与此同时，香港联交所也对紫金矿业进行责任追究。

7月15日，上杭县公安局对紫金山矿业铜矿湿法厂涉嫌重大环境污染事故案立案侦查，检察机关也介入该事故调查。

7月16日，渗漏问题再次导致汀江水域局部受到铜、锌、铁、镉、铅、砷等污染，直接造成养殖鱼类死亡达370.1万斤，损失约2220.6万元。另外，当地政府部门破网放生3084.44万斤养殖鱼，以保障网箱养殖鱼类的安全。

7月16日，福建省通报紫金矿业污染汀江案，并给予多名责任人行政处罚或追究刑事责任。

7月17日，紫金山金铜矿3号应急中转污水池发生渗漏，污水通过排洪洞流到汀江，经采取堵截、调度等措施，当天上午7点基本堵截住污水外排汀江。初步估算，此次渗漏污水约500立方米。

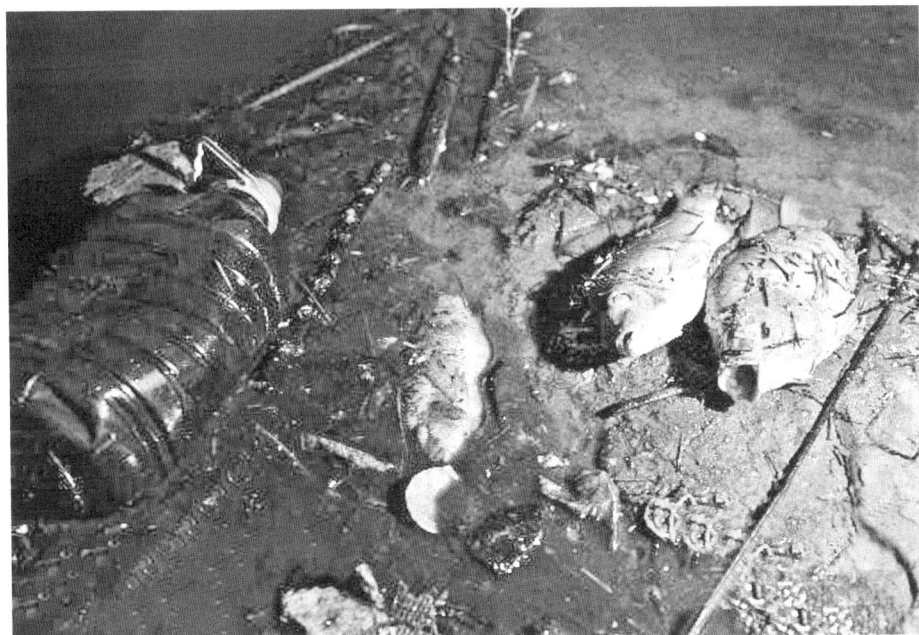

图2—7　紫金矿业渗漏对汀江水质的污染

（图片来源：新华网）

7月18日，广东省环保厅在向福建省环保厅发出的特急函件中指出，近日福建省棉花滩水库出水与广东省大埔青溪电站水体混合后，铜含量超出渔业水质标准，对梅州境内河段渔业养殖造成较大影响。

7月19日晚间，证监会给紫金矿业下达了关于该次污染案件的《立案调查通知书》，调查显示紫金矿业涉嫌信息披露违规一案被立案调查。

9月30日，紫金矿业公司收到《福建省环境保护厅行政处罚决定书》，处罚如下：（1）责令采取治理措施，消除污染，直至治理完成；（2）罚款956.313万元。

2011年1月30日，紫金矿业收到福建省龙岩市新罗区人民法院有关刑事判决。被告公司紫金山金铜矿犯重大环境污染事故罪，判处罚金人民币3000万元，原已缴纳的行政罚款956.31万元予以折抵，尚需缴纳2043.69万元。

三、经验与启示

紫金矿业污染事件是2010年我国重大的环境污染事件，该次事件表面看来很像是突发事件，其实不然，它是紫金矿业环保方面存在问题的一次集中爆发。造成这次事故的直接原因有：（1）防渗膜严重渗漏为突发环境事件的发生；（2）6号渗漏观察井与排洪洞被人为非法打通，导致污水直接排入汀江；（3）污水池防渗膜突然破裂。针对本次紫金矿业污染事件，通过分析事件造成原因和整体特点，总结了以下经验教训。

（一）第一时间准确披露事件信息

紫金矿业污染事件中，事件的信息披露环节存在的主要问题有：（1）信息披露延后9天时间，已对环境和公共健康造成威胁。及时披露信息，虽然对企业自身增大了压力，但更利于各方资源整合，配合解决污染泄漏等问题，找出并控制污染源，便于下游居民及时防范；(2) 信息披露过于简略，泄漏导致何种类型污染物排出、排放量多大、预期影响范围，以及下游防范措施等，均未详细披露。不利于各部门有效配合处理该次污染事故。因此，面对重大环境事故，应在第一时间向当地环保部门报告，以最大限度地减少污染造成的损失。

(二) 加强施工管理、生产管理和环保监测

紫金矿业污染事件中，尾矿渣渗滤液经收集池收集后，未经处理直接排入后库。环境设施设置不合格，应急池距江水只有 20 米，企业各堆场及各池底未进行硬化处理。排污设备人为非法打通，缺乏环保监测，导致防渗膜破损未及时发现。因此，类似企业有必要加强施工管理、生产管理和环保监测，做到在源头上避免事故发生。

(三) 重视环保执法和污染事故

紫金矿业长期以来多次发生严重污染，当地环保部门多次执法检查要求整改都置若罔闻。在紫金矿业于 5 月 28 日发布紫金山金铜矿问题已经全部完成整改的通告后，却接二连三发生更为严重的污染事件。继 7 月 3 日的污染事故后，17 日晚紫金矿业再次发生渗漏事故。7 月 17 日发生的渗漏事故，依然祸起防渗膜，只不过此次紫金山金铜矿事发地点由"湿法厂"变为"3 号应急中转污水池"。因此，企业应高度重视环保执法和发生的污染事故，严格按照要求进行设施建设和整改，吸取教训，才能避免更严重的事故发生。

(四) 加强环保政策的更新

在企业自身进行全面整改的同时，环保政策的实时更新对企业行为也起到一定的监督作用。例如，2008 年，由国务院颁布的《政府信息公开条例》

和环境保护部颁布的《环境信息公开办法（试行)》明确表示，环保部门公布的污染严重企业名单的上市公司，应当在环保部门公布名单后两日内披露企业污染物相关情况、环保设施建设及运行情况、应急预案等信息。该次事故发生后，2010 年 9 月 14 日，关于环保部下发的《上市公司环境信息披露指南》（征求意见稿）中明确指出：上市公司发生突发环境事件的，应在事件发生后 1 天内发布临时环境报告。

案例 4　山西王家岭煤矿透水事故

一、案例简介

山西王家岭煤矿透水事故发生于北京时间 2010 年 3 月 28 日 14 时 30 分，中煤集团一建公司 63 处碟子沟项目部施工的华晋公司王家岭矿（山西省临汾市乡宁县境内）北翼盘区 101 回风顺槽发生透水事故。事故发生时当班下井 261 人，升井 108 人，有 153 人被困井下，经各方全力抢救，115 人获救，38 人死亡，直接经济损失 4937.29 万元。

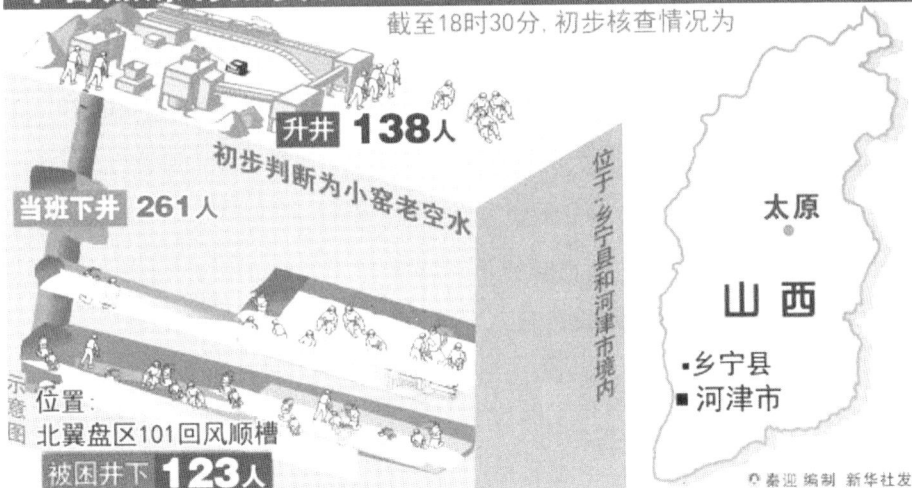

图 2—8　王家岭矿透水事故示意图

（图片来源：新华网）

二、案例回放

2010 年 3 月 28 日 14 时 30 分许，王家岭矿北翼盘区 101 回风顺槽发生透水事故。

3 月 28 日 23 时 50 分许，时任国务院副总理张德江赶赴现场，指挥救援。

3 月 29 日，救援急需物资运抵王家岭，排水工作开始。

3 月 30 日，国家安监局通报事故原因，经调查发现，在施工过程中存在违规违章行为，工作面出现了透水征兆之后，矿上并没有按照规定及时撤人以及采取有效的应对措施。

3 月 31 日，时任国家安监总局局长骆琳赶赴现场并勘察救援设备运转情况，随后进行现场指挥。至当日 18 时，矿井每小时排水量已达到 1125 立方米，水位下降 18 厘米。

4 月 1 日 9 时 18 分，一次成功打通了一个钻探孔，释放生命探测仪，探测生命迹象。

4 月 2 日，矿井排水能力已经达到每小时 1935 立方米，水位下降了 330 厘米，井下水平硐三个钻孔全部打通排水，明显加快了排水进度。14 时 10 分，从钻探孔里传出敲击声，发现生命迹象。

4 月 2 日 17 时 10 分，救援人员通过钻杆往井下输送营养液。

4 月 3 日，井下排水水泵达到 20 台，排水能力达到每小时 2585 立方米，水位下降了 744 厘米；13 时 10 分，7 名救援人员组成的救援先遣小组下井搜寻被困人员。

4 月 4 日，水位下降 974 厘米，22 时，救援队下井开展救援工作。

4 月 5 日凌晨 0 时 35 分，第一名被困工人成功升井。

4 月 5 日凌晨 1 时 30 分，第一批获救人员 9 人已全部升井，并立刻在医院得到治疗。

4 月 5 日 11 时 34 分，第二批获救人员第一人已出井。17 时，115 名被困员工成功升井，被救员工生命体征正常。

4月6日，找到6名遇难工人的遗体，千余名救援人员仍全力搜救剩余的32名被困工人。

4月7日下午18时，事故遇难人数上升至9人。虽然井下的排水量已达21万立方米，但井下还有2个搜救区域（一个长约800米，一个长约400米）的水尚未排干，其中长约800米的区域即发生事故的透水点，此时仍有大量的水从老空区流入。

4月8日，遇难人数上升至20人。井下总排水量已达到23万立方米，

图2—9　山西王家岭煤矿透水事故应急救援

（图片来源：新华网）

远超出当初预计的 13 万—14 万立方米的井下积水量。有些巷道已经"泥化"，在了解情况后，抢险指挥部迅速调集泥浆泵，在排水的同时进行排泥工作。

4 月 9 日，遇难人数上升至 25 人。在 1 号搜救区发现 2 名遇难者遗体。

4 月 10 日，遇难人数上升至 28 人。2 号搜救区积水已经排完，没有发现被困人员。矿井的总排水量已达 28 万立方米，其中 1 号搜救区排水量达到了近 6 万立方米，是当初预计的近 4 倍。

4 月 11 日，事故遇难人数上升至 33 人。

4 月 12 日，事故遇难人数上升至 35 人；井下 1 号搜救区积水基本排完。

4 月 13 日，事故遇难人数上升至 36 人，仍有 2 名工人下落不明；国务院事故调查组正式成立。

4 月 14 日，事故遇难人数上升至 37 人，仍有 1 名工人下落不明。

4 月 26 日，最后 1 名被困工人遗体被发现，事故抢险救援工作结束。

三、经验与启示

（一）动员社会力量，有效运用各方面资源

此次抢险救援活动在很短的时间内动员了上万名的行政干部、救援专家、技术工人、救援队员、医务人员、媒体记者、安保人员，以及参与救援和善后工作的电力保障、通信保障和后勤保障人员等，同时迅速调集了大量的水泵、管道、电缆、车辆、发电机等抢险物资，并且针对被困工人家属及获救工人实施一对一安抚和治疗，并请心理专家进行专门的心理疏导，不惜一切的代价组织抢险救援活动，落实以人为本的理念，充分发挥了社会主义集中力量办大事的优势。

（二）新闻媒体实时介入，报道准确翔实深入

事故发生之后，现场聚集了大量的各类新闻媒体记者，对抢险救援的各方面工作进行了全面翔实的报道；抢险指挥部专门设置了新闻发言人，每天通过新闻发布会公布最新信息；各类网络媒体也及时滚动播报相关信息，微博、网上论坛等涌现大量的评论热帖；中央电视台全程直播被困人员获救升井时的画面，国家安监总局新闻发言人还通过人民网论坛与网友在线交流。虽然在信息公布的内容、方式、时间等方面仍有值得改进之处，但针对此次事件的大规模新闻报道仍然反映了中国政府在信息公开方面的巨大进步。

（三）应急指挥高效联动，组织协调规范有力

通过实施和编制各级各类应急预案，尤其是在颁布《突发事件应对法》之后，我国在事故灾难应急救援的指挥协调机制上取得了重大改进。此次事故发生后由事故发生地省级人民政府在第一时间成立了事故抢险救援指挥部，并且由省政府副省长任总指挥，国家煤矿安全监察局副局长任副总指挥，同时有其他有关部门、事发企业的人员参与指挥部组织协调工作，并根据实际情况做出适时调整。整个抢险救援过程表现出了很高的指挥协调能力，同时也改变了以往由到达现场的最高行政领导任总指挥的惯例。

（四）充分依靠相关专家，科学评估应对救援

在事故抢险救援指挥部成立之初便设立专家组，在对现场情况进行科学评估后专家组制订了事故抢险救援方案，并根据现场情况进行适时调整。同时调集了全国相关专家进行商议决策，及时有效地处理灾情，极大程度上避免了次生灾害的发生，同时也避免了抢险人员的伤亡损失。

通过分析本次事故的发生和灾后应急抢险救援的过程，暴露了我国事故灾难应急准备体系的一些薄弱环节，在以下方面需要进一步加强改进。

（1）从应急准备"预防、预警、响应和恢复"的全过程来看，事发企业在事故预防和预警方面都存在较为严重的疏忽。该矿在施工过程中没有严格地执行《煤矿防治水规定》等法规，没有落实掘进工作面探放水的工作措施；为赶进度，当班安排14个掘进队同时作业，作业人员过度集中；未落实施工安全措施，工作面出现透水征兆后，没有发布预警、及时撤人和采取有效应对措施等。为此，应该将事故灾难纳入应急准备的"预防、预警、响应和恢复"全过程进行管理。

（2）从应急能力的角度来看，针对此次事故的救援工作几乎动用了国内最先进的抢险排水资源，但与国际先进水平相比仍存在较大差距，这不仅延缓了抢险救援的进程，而且加大了井下人员生命安全的风险系数。

（3）从应急准备活动的持续改进过程来看，从高层到基层都还没有建立起相应的应急准备自发持续改进机制，并且大多数的应急准备活动还属于被动推动的范围，不能积极主动地进行应急救援活动的制订、组织和准备，没有认真地看待安全问题。虽然在政府的大力推行下，应急预案在数量上增加了很多，但质量普遍不高，大多数应急预案并没有针对自身的环境、条件等进行专门的制订和安排，而且没有建立持续有效的自发改进机制。

（4）从应急准备的基础层面来看，我国的应急相关法律尚不完善，社会公众的公共安全意识淡薄，应急准备的自觉性不高，在社会上和企业中没有形成积极主动的应急准备文化。应该加强安全意识的建设，积极主动地培育应急准备文化，将安全真正地放到第一位上，努力打造一个和谐、可持续发展的社会。

案例 5　台湾新北游乐园粉尘爆炸事故

一、案例简介

2015 年 6 月 27 日约 20 时 32 分在台湾新北市八里区八仙乐园游泳池内，由"玩色创意国际有限公司"与"瑞博国际整合行销有限公司"所举办的"Color Play Asia—彩色派对"活动中，疑似因以玉米淀粉及食用色素所制作之色粉发生引爆粉尘爆炸及迅速燃烧而导致火灾事故。此次事故共造成 12 人死亡，500 余人受伤，是继 1999 年"9·21"大地震以来台湾受伤人数次多的突发事件。

八仙乐园因为此事故于 6 月 28 日起关园停业，同日台湾地区"行政院院

图 2—10　新北游乐园粉尘爆炸事故现场

（图片来源：东方网）

长"毛治国也宣布全面禁止举办所有与粉尘相关的休闲娱乐活动。2015 年 8 月 27 日，台湾新北市消防局公布"6·27 新北游乐园粉尘爆炸事故"调查报告，认定起火元凶是舞台右前方的 BEAM200 电脑灯。活动组织方负责人涉过失伤害罪及公共危险罪已被收押，该乐园也被要求无限期停业接受调查。

二、案例回放

2015 年 6 月 27 日 20 点 40 分左右，台湾新北市八里的八仙水上乐园舞台举办的彩色派对活动最后 5 分钟时在舞台前方突然大火，一开始很多人不知道是爆炸，很多人还在继续跳舞，直到前方舞台开始传出尖叫声，才知道发生意外。

事故发生后，新北市立即启动大量伤员应急救助机制。台北市消防局出动 9 辆、基隆市支援 5 辆救护车前往现场救援。

台湾地区领导人马英九第一时间得知后，致电台湾地区"行政院长"及新北市长，指示立即全力救援并提供必要协助。

当晚 22 时 20 分左右，新北市长朱立伦抵达现场，致电台湾地区"行政院院长"毛治国、台北市市长柯文哲以及基隆、桃园等地医院要求协助救援。

当晚伤者分别送往淡水马偕 15 人，台北马偕 4 人，台北荣总 8 人，新光医院 14 人，桃园长庚医院 31 人。

6 月 28 日 11 时 30 分，新北市副市长侯友宜召开记者会，宣布新北市即日起禁止所有粉尘、粉末于活动中使用，避免类似事件再次发生。同日，台湾地区"行政院院长"毛治国亦宣告，台湾地区全面禁止所有与粉尘相关的公共休闲活动。

6 月 28 日下午，台湾地区领导人马英九前往台北荣民总医院探视事故伤患，对家属保证，台湾地区政府会全力救治，并追究失职人员责任，协助家属求偿。

6月28日起成立灾后处理小组，持续办理后续医疗处置、伤者济助慰问、法律咨询服务、协助求偿等医疗及关怀服务相关工作。除八里区公所于八仙乐园成立联合服务中心外，并由应变中心设置服务专线，提供24小时服务咨询。

6月30日，新北市卫生局在收治超过10名伤患以上的医院，皆派驻人员在医院现场，协助病患及其家属医疗等各项服务咨询，逐一建立每位伤患的个人档案资料，以利后续追踪服务，设立"台湾地区各医院烧烫伤ICU病床空床数"GIS系统，方便查询。7月3日，台湾地区"行政院院长"毛治国主持0627八仙乐园粉尘爆燃案专案小组第3次会议，针对事故救援进展做出重要批示。

7月5日，台湾地区"卫福部"通告，仍有434人在全台13县市、48家医院接受治疗，其中282人在加护病房，被通报为病危的则增加为237人，已导致2人死亡。

7月23日，新北市八仙粉尘爆炸事故仍有343人继续在42家医院留院治疗，其中213人在加护病房，162人病危，其中洗肾6人、插管56人，已造成9人丧生。

8月27日，台湾新北市消防局2015年8月27日做出正式鉴定报告，认定起火元凶是舞台右前方的BEAM200电脑灯。起火原因正是部分玉米粉撒到灯面，数百度的高温引发爆炸，火势透过地上的玉米粉一路延烧，才会引发惨剧。

报告指出，在爆炸前空气中的粉尘浓度已达爆炸下限，每立方米超过45克。由于人群的跳跃、风吹，加上工作人员不断以二氧化碳钢瓶喷洒玉米粉，才会让燃点430度的玉米粉接触到表面温度超过400度的电脑灯，引发火势，但因为气流引燃，才会让人产生"爆炸"错觉。

这一报告已经被提交至台北士林地方法院检察署，检方尚未对该报告正式发表回应。检方将使用这一报告作为调查的依据，但鉴于调查工作尚未结束，检方不能就该事件披露更多细节。

9月2日，因新北市八仙粉尘爆炸事故罹难人数升至12人。

12月24日，最后一名重伤伤员转出加护病房，宣告此次事故的救援主体部分告一段落。

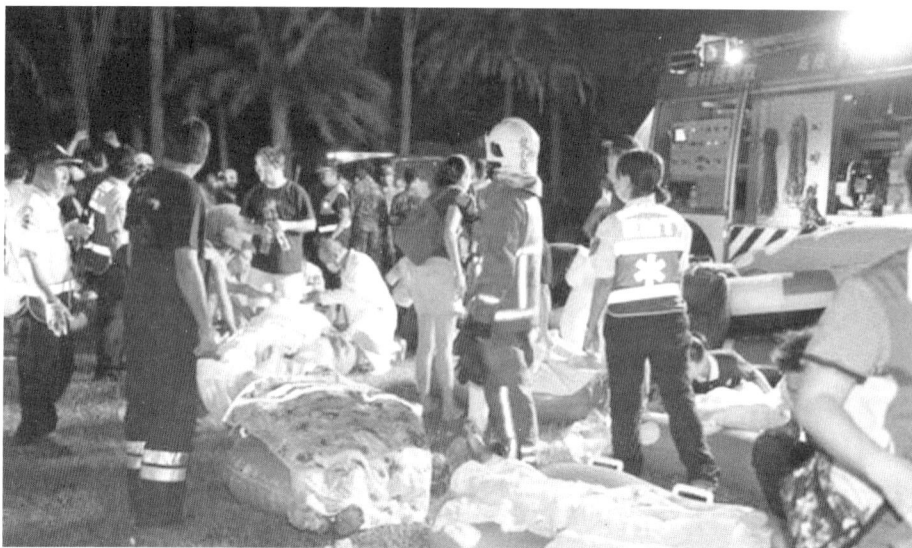

图2—11　新北游乐园粉尘爆炸事故救护现场

（图片来源：东方网）

三、经验与启示

台湾新北游乐园粉尘爆炸事故是2015年我国台湾地区发生的最为重大的突发事件，也是新北市救灾史上受伤人数最多的一次。与其他粉尘爆炸事故进行对比，此次游乐园粉尘爆炸事故的主要特点在于：一是事发突然，毫无征兆。二是事发地点是人员密集的公共区域。三是事发现场预防此类事故发生的能力较差，发生衍生灾害的风险很高。四是组织人员安全意识及常识欠缺，在如此高的温度下喷射易燃易爆的玉米粉直接导致了事故的发生。

（一）集中力量救大灾，动员体制起作用

所谓"动员体制"，是指国家或地区能够设定社会发展的中心议程，并且大规模地调动社会资源以实施这个议程。在这里，动员能力同时表现在两个方面：一是议程设置能力，即整合和定向社会注意力的能力；二是资源调配能力，即调动和配置人力、物力和财力的能力。在此次的事故救援中，新北市依据提前制定的应急响应机制，迅速展开救援，并向周围县市请求援助。从台湾地区最高领导层面上说，马英九第一时间致电台湾地区"行政院长"及新北市长，指示立即全力救援并提供必要协助。这种上下联动，协同作业的方法，是此次事件如此迅速地进行灾后处理的根本原因。

（二）事后灾情处置得当，积极安抚受害群众并严厉追责相关责任人

灾后积极应变，迅速联系周边消防力量和医院进行增援，将灾害的损失控制到了最低。事发后不久，台湾地区卫福部门即表示，发生粉尘爆炸后，立刻启动应急机制，并马上联络台北市、新北市、基隆市、桃园市4个县市卫生局与其所辖医院烧伤病房与加护病房全面整备收治。台湾地区卫福部门医事司长也表示启动"南皮北送"抢治伤患。事件发生后，新北市政府立即于当日21时成立灾害应变中心。为使各医院能够全心投入紧急医疗照护工作，并透过跨局处服务团队至大台北地区之医院设置指挥所，建立本案所有伤员相关病况，并以一人一项目方式制作数据文件。

为长期陪伴追踪所有个案后续身心与生活重建工作，跨单位整合规划建置个案追踪管理系统，由台湾地区政府与新北市政府成立"627烧烫伤项目管理中心"，规划每一个案于急性医疗期结束后的延续性服务内容，包括重建、复健、就养、就学、就业等需求；整合派案，长期陪伴伤员及家属后续之身心与生活重建，作为政府后续统一调度医疗照护、社政福利、法律、就学、就业资源及追踪访视关怀运用。透过本中心跨局处及中央等部会相关单

位资源链接，并收集、反映烧烫伤个案及其家属相关问题需求，提供咨询专线，透过个别化的服务计划，于伤病患急性治疗期后无缝接轨追踪管理伤员之中长期照护。

事故相关调查及追责程序迅速启动。活动主办方瑞博国际整合行销公司负责人吕忠吉、设备人员邱柏铭 28 日上午移至台北士林地检署复讯，两人交保后已被限制出境。

（三）公共安全教育科普工作任重道远

玉米粉属于可爆炸分类的 Ⅲ A 级，温度需要大于 270 摄氏度等，玉米粉的爆炸下限为每立方米 45 克。可见，当时彩色玉米粉浓度已经达到或超过了这一限度，而且现场的电脑灯温度超过 400 摄氏度，引发了玉米粉爆炸或爆燃。台湾的这次粉尘爆炸提出了一个问题，举办派对和演艺活动时，除了显而易见的水、火、电、人群密度、拥挤的疏导等需要安全标准、规则外，粉尘爆炸是个可能尚未引起注意的要素。这个教训也给现在正流行的"彩色跑"以及类似的活动拉响了警报。我们应当限制在奔跑时可能向空中抛撒彩色玉米粉的行为，并制定相应的安保措施，以确保此类型活动能安全规范的进行。

案例 6 河南养老院特大火灾事故

一、案例简介

河南养老院特大火灾事故发生于 2015 年 5 月 25 日 7 时 30 分许，事故发生地点为河南省平顶山市鲁山县康乐园老年公寓。康乐园老年公寓创办于 2009 年 9 月，位于县城鲁平大道西段三里河，拥有劳动部门颁发的养老护理资格证的人员 30 余人，占地面积 40 亩，包括 2 个自理养老区，1 个半自理养老区，1 个不能自理养老区。经调查，事故的原因为康乐园老年公寓不能自理区电器线路接触不良发热引燃周围易燃可燃材料，造成火灾。

5 月 28 日，国务院安全生产委员会办公室通报河南平顶山"5·25"特别重大火灾事故情况，火灾最终造成直接经济损失 2064.5 万元，45 人伤亡，

图 2—12 养老院特大火灾事故示意图

（图片来源：半岛网）

其中 39 人死亡，过火面积约 745.8 平方米。相关部门和地方政府监管措施不到位、监管责任不落实等问题都在此次事件中暴露出来。

二、案例回放

2015 年 5 月 25 日 7 时 30 分许，河南省平顶山市鲁山县康乐园老年公寓发生特别重大火灾事故。

截至 5 月 25 日 2 点左右，救援人员正在使用铲车清理现场少量没有熄灭的余火。

26 日凌晨 4 时 30 分，火灾现场共抢救出 44 人，38 人死亡、6 人受伤，其中 2 人重伤，伤者已送往附近医院治疗。

事故发生后，国家主席习近平当即作出重要指示，要求有关部门查明事故原因，依法追究事故责任，全力救治受伤人员，妥善安排遇难者善后和家

图 2—13　养老院特大火灾事故发生后现场

（图片来源：环球网）

属安抚工作。李克强总理作出批示，要求竭尽全力抢救伤员，做好伤亡人员家属安抚等工作。

5月26日清晨，大批的消防官兵仍在连夜搜救，数台挖掘机在清理现场。火点已被扑灭，现场一片废墟，只剩下乌黑的铁皮铁架。

5月26日，为防止此类重特大火灾事故的再次发生，公安部消防局发出通知，要求各地公安消防部门开展夏季消防检查，做好针对性的消防安全检查工作。

三、经验与启示

事故暴露出以下四点问题：一、事故发生建筑耐火等级低，康乐园老年公寓使用了彩钢板作为外墙材料，其芯材为易燃可燃材料，违反相关建筑材料使用规定。二、项目设计、建设过程中，消防安全疏散指标不达标，安全疏散通道拥挤狭窄。三、安全管理存在缺陷，电器使用管理不规范，应急处置能力差。四、相关部门和地方政府责任缺失、监管不到位。

（一）经营者防火意识淡薄

由于缺少法律意识，为了逃避有关部门监管，经营者常利用工业仓库、居民住房或工业厂房改建成违法经营场所，减少成本，私自经营，这些场所大多存在先天性的安全隐患，例如：消防安全设施不配套、场所内部条件不达标、安全疏散指标不符合等问题。

（二）建筑使用管理薄弱

安全管理意识缺乏，工作人员数量不足，应急管理制度不合理，应急疏散预案未制定，员工岗前安全教育缺失，导致发生火灾时工作人员安全意识和消防应急能力匮乏，无法有效展开疏散救援行动。

（三）引起火灾隐患较多

可能导致火灾的隐患较多，大量包括床上用品、家具、衣物在内的可燃物，大量使用易燃可燃材料构建的内部分割墙体和保暖系统，不规范的生活用火（生火做饭、蜡烛照明等），电气线路紊乱超负荷，使用未通过安全验证的劣质电器。

（四）老人体能心态特征

由于老年人生理特征的影响，普遍而言体力和智力都会下降，卧床吸烟、电器忘关等不良习惯极易留下火灾隐患。老年人消防安全意识和火灾逃生自救能力普遍不强，面临突发状况时，反应较为迟钝，尤其是长期患病、行动不便的老人，火灾后处警和自防自救能力尤其差，容易导致小火酿成大灾。

为深刻吸取事故教训，进一步做好消防安全等工作，防止类似事故再次发生，需要重点关注以下事项。

（一）强化安全红线意识

人民群众生命财产安全必须摆在首位，国家主席习近平、国务院总理李克强等党中央、国务院领导同志的重要批示精神明确指出，各地区、各有关部门和单位要进一步加强安全红线意识，为实现生产经营企业"零死亡"反复进行安全隐患排查工作，坚持"四不两直"暗查暗访，深刻认识当前安全生产形式，落实消防安全工作，从严处理各类非法违法行为。

（二）严格落实消防安全责任制，加强消防安全管理和监督

事故的间接原因为：一、行业监管不到位，地方民政部门违规审批运营许可；二、康乐园老年公寓违规建设运营，管理混乱，长期存在安全隐患；

三、地方消防法规政策执行不力，政府消防部门监管责任缺失；四、执法监督工作不到位，地方国土、规划、建设部门均存在失职渎职行为；五、地方政府安全生产属地责任制不落实。

因此，各地区、各有关部门和单位要进一步加大消防安全管理和监督力度，强化消防工作考核，强化责任意识和担当精神，推动生产经营单位主体责任、部门行业监管责任、地方政府属地监管责任等消防安全责任制的落实。按照"管行业必须管安全、管业务必须管安全、管生产经营必须管安全"的要求，所有消防安全机构必须加强日常消防监督检查工作，强化安全防范措施。从严验收消防审核，深化安全管理职责，重点完成高危企业单位"户籍化"管理，认真完善消防安全"网格化"体系建设，落实消防安全治理平台建设，健全并落实消防安全主体责任。

（三）严格消防执法，严禁违规使用聚苯乙烯、聚氨酯泡沫塑料等材料

养老院不能自理区内的电线绝缘层、泡沫、吊顶木龙骨等防火能力较差的材料被电器线路接触不良所产生的发热高温引燃是此次事故的直接原因。建筑违法使用聚苯乙烯夹芯彩钢板建材，吊顶空间整体贯通，这些加剧了火势蔓延并导致建筑剧烈燃烧，养老院在短时间内损毁垮塌，由于护理人员数量不足，且缺乏消防安全知识，不能自理区老人没有自主活动能力，缺少逃生手段，无法及时自救，因此事故造成重大人员伤亡。

各地区、各有关部门和单位要强化消防安全监管执法，认真贯彻落实《安全生产法》、《消防法》。聚氨酯泡沫塑料、聚苯乙烯等材料燃点低、防火性能差、燃烧时会产生有毒气体，有关部门需集中开展专项整治活动，对人群密集场所使用建筑材料或保温材料为聚氨酯泡沫塑料、聚苯乙烯的单位进行严格查处。对于企业单位违规使用彩钢板作为建筑材料或使用聚氨酯泡沫塑料或聚苯乙烯作为保温材料、通过消防验收前进行经营活动等行为严惩不贷，对于企业违反消防安全法规，消防器材设施数量不足，电气线路私拉乱

设，消防通道不畅通的行为，一旦发现一律停业整顿，依据消防法规从严处理，追究单位责任人的责任。

案例 7　甬温线动车追尾事故

一、案例简介

北京时间 2011 年 7 月 23 日 20 时 30 分 05 秒发生甬温线动车追尾事故，事故地点在甬温线浙江省温州市境内。此次事故已确认共有六节车厢脱轨，即 D301 次列车第 1 至 4 位，D3115 次列车第 15、16 位，导致中断行车 32 小时 35 分，并造成 40 人死亡、172 人受伤，直接经济损失达 19371.65 万元。

由于投入使用审查把关不严，在研发列控中心的控制组件时有巨大漏洞，针对控制组件突发故障所做的快速响应也不充分，以上种种原因导致了"7·23"甬温线特别重大铁路交通事故发生，因此它是一起责任事故。受到严肃处理的有刘志军（时任铁道部部长）、张曙光（时任副总工程师兼运输局局长）等事故责任人员，共计 54 人。

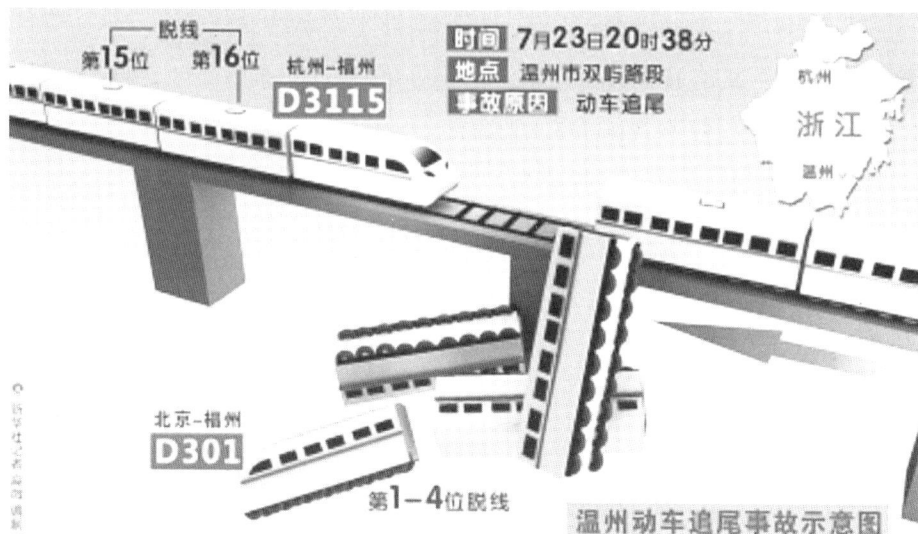

图 2—14　甬温线动车追尾事故示意图

（图片来源：新浪网）

二、案例回放

2011 年 7 月 23 日 20 时 30 分 05 秒，在甬温线浙江省温州市境内，D301 次列车（北京南站开往福州站）与 D3115 次列车（杭州站开往福州南站）发生动车组列车追尾事故。

20 时 30 分左右，这两趟列车的旅客由车上乘务人员组织起来，迅速展开自救与互救行动。事故发生地附近的鹿城区黄龙街道双屿下岙村村民自发加入抢险救援并报警。温州市公安局接到报警电话后，立即向市公安消防、交警、特警支队及瓯海、鹿城公安分局发出紧急救援警令，同时向温州军分区和市公安消防支队、武警支队、电力公司、卫生局等部门（单位）通报了情况，并向上级公安机关和温州市委、市政府报告。

20 时 42 分，率先赶到现场的是温州市公安消防支队鞋都中队的 22 名官兵，他们先后从桥下严重破碎解体的 D301 次列车的 1 号车厢、2 号车厢、4 号车厢内外搜救出 19 名、16 名、21 名遇险人员。

20 时 44 分，驾乘 1 辆抢险救援车、3 辆水罐车的温州市公安消防支队勤奋路中队的 28 名官兵赶到现场，先后从 D301 次列车的 2 号车厢、3 号车厢搜救出 28 名、12 名遇险人员。

20 时 50 分，铁道部主要负责同志和其他党组成员在接到上海铁路局报告后，立即赶到调度指挥中心，根据实际情况作出相关部署，并联系浙江方面出动消防、武警、卫生等方面力量全力抢救，同时调动组织铁路方面的应急救援队伍赶赴事故现场，投入抢险救援工作。

21 时左右，根据实际情况，救援地段被分成 3 个，即高架桥面、竖靠车厢、桥下地面，同时展开全面搜救，确保不漏一人。

22 时左右，驾乘 13 辆消防车的浙江省公安消防总队直属综合应急救援支队和金华、丽水、宁波、台州等 5 个支队的 83 名特勤官兵赶到现场增援。同时重特大灾害事故医疗救治应急响应由浙江省卫生系统立即启动。

7月24日0时15分至1时40分，相继被救援人员救出的是D301次列车5号车厢和D3115次列车16号车厢的4名被困人员；1时40分，1名遇险人员从D3115次列车15号车厢和16号车厢连接处被救出。

1时40分，在察看现场后，时任浙江省政府主要领导同志主持召开了紧急会议，参加会议的有省级相关部门和温州市有关负责同志。同时，为了对救援工作进行统一协调指挥，部署相关抢险救援工作，将任务分工落实到位，临时成立了抢险救援指挥部，而且给出了四条重要意见，即：加紧现场搜救、全力救治伤员、尽快疏散旅客、妥善安置家属。

3时左右，铁道部主要负责同志带领有关负责人赶到现场，并召开了省、部会商会，决定成立省部联合救援及善后工作指挥部，同时下设了责任分工明确的四个工作小组。

11时10分，国家有关部门（单位）负责同志在时任国务院副总理张德江的带领下抵达温州，他们查看了事故现场，同时代表党中央、国务院看望并慰问了受伤人员，要求各有关方面"要坚决按照胡锦涛总书记、温家宝总理的重要指示精神，坚持把救人摆在第一位，继续争分夺秒全力搜救伤亡人员，不留任何死角，确保绝无遗漏"，并明确指示"残骸不能埋。要做好现场保护和事故车辆的妥善保存，为事故调查分析提供条件"。

14时50分，两台300吨汽车吊就位，桥上车体吊移施救工作由中铁二十四局抢险救援人员有序展开。20分钟之后成功将D3115次列车的第15号车厢吊至桥下。又经过救援人员一个多小时的努力，D301次列车的第5号车厢终于在16时30分被成功吊至桥下。

经过各方人员的不懈努力，温州南站至永嘉站下行线和上行线分别于7月25日4时32分和5时05分成功恢复供电，并于9时31分成功恢复通车。

图 2—15　甬温动车组列车追尾事故后现场救援

（图片来源：百度百科）

三、经验与启示

党中央、国务院高度重视"7·23"特别重大铁路交通事故，在事故发生后迅速启动应急响应，并坚强领导铁道部、浙江省、温州市党委、政府等国家有关部门（单位）做好应急处置工作并迅速进行抢险救援，同时成立指挥机构负责统一协调。当地武警部队官兵、消防和公安民警、医疗卫生救护人员、铁路系统干部职工、驻地解放军指战员连续作战、顽强拼搏、不畏艰难，广大人民群众和社会各界人士奋力救援、昼夜不停、无私奉献。

（一）救援生命应是应急响应阶段唯一性行动目标

突发事件管理过程可依据每个阶段的核心目标不同而大致分为四个阶段，根据经典的应急管理理论，它们分别是预防减灾、应急准备、应急响应和应急恢复，这四者有很大区别，因为任务与职责各不相同。而生命救援就是应急响应阶段的核心目标，是所有救援活动的重中之重。在应急响应阶段的主要任务是：动用一切可以使用的力量，采取任何可以使用的办法，让群众远离危险区域，被困人员获得解救，伤员得到医疗救治，所有人民的生命安全和健康受到保护，决不轻言放弃，坚持到最后一刻为止。

（二）统一指挥的一致性行动是有效应急响应的保证

因为事故本身涉及范围较广，而且存在复杂的影响因素和较为严重的损失后果，特别是重大灾难事故的救援行动更是相当复杂，这就给面对突发事件的应急响应带来了较大困难。因此，在所有应急救援活动中十分重要的就是速度与质量，确保这些的前提就是规范而有效的组织方式，在时间紧迫、参与人员复杂和事件演变不确定性较高的情况下显得更为关键。

（三）应急救援应坚持分层响应与属地为主原则

一方面，对属地发生的事故灾难进行抢险救援是各级政府应尽的法律职责；另一方面，天时、地利、人和也的确是当地政府开展应急响应活动所具备的长处，长期的经验积累得出各类重大突发事件应急响应的基本原则是分层（级）响应和属地为主。常讲的"第一响应"（First Response）原则其实就是这个含义，即在一切类型和强度的突发事件中，首先启动初级应急响应的必须是原始事发地点和最基层辖区政府，由他们率先进行救援活动，争取在尽可能短的时间内控制事态，抢救生命，这也就是分层响应和属地为主的精髓所在。

（四）事故灾难现场保护十分重要

调查分析事故原因的重要证据是现场物体的位置、结构和性状，这就要求我们在进行严密、有序的测量、检验和取证之前，一定要注意不要改变现场原始状态。在不影响生命救援的前提下，我们在应急响应过程中一定要尽量保护好现场，这样有助于我们利用各种客观、科学的检测分析手段来找出在装备、设计、管理和技术方面存在的各类问题，进而提供参考给安全法规标准的制修订，同时也可为预防同类事件发生，改进安全工作提供科学的依据。

（五）应急准备不足是出现系统脆弱性的基础性原因

在突发性事件处置过程中出现失误与混乱是不可避免的，毕竟突发性事件信息量确实而且基本没有预兆，而给我们的应急响应时间又十分有限，因此这也暴露出我国应急管理工作中逐渐凸显的一个关键问题，那就是应急准备能力不足。但是我们可以根据这些灾害性事故发生前已经制定的应急预案来灵活应对，将可能造成的损失降低至最小，确保其在可控范围内。

案例 8　马航失联事故

一、案例简介

2014 年 3 月 8 日 0 时 42 分由吉隆坡起飞飞往北京的马航 MH370 航班，原定于当日 6 时 30 分左右抵达北京，但却在当地时间凌晨 2 时 40 分许与地面管制中心失去联系。机上有 227 名乘客和 12 名机组人员，合计 239 名，乘客名单显示，失联飞机上有 154 名是中国国籍。MH370 航班失联后，失事区域周边国家紧急调动救援力量，先后 26 个国家参与到搜救失事飞机的行动中来。

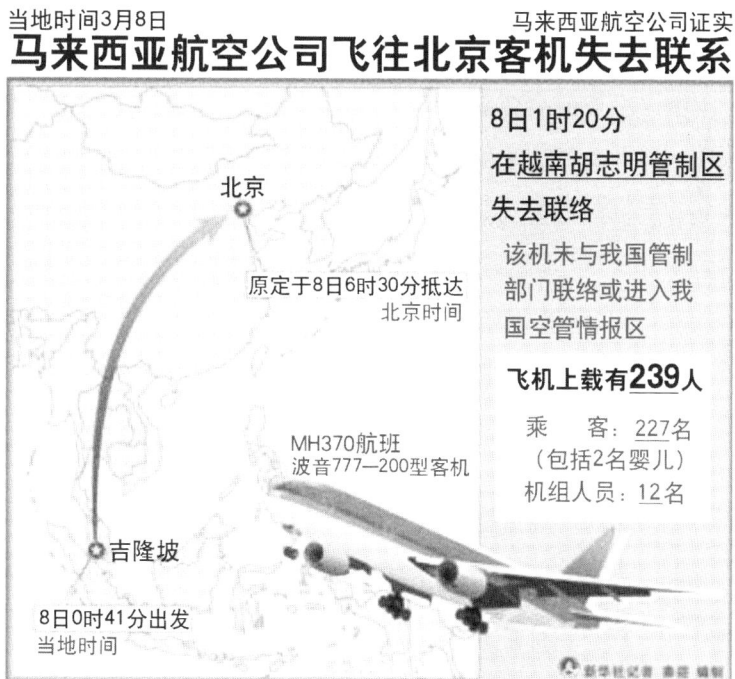

图 2—16　马航失联事故示意图

（图片来源：新华网）

二、案例回放

3月8日凌晨2时40分，马航发表紧急声明称：载有239人的其公司航班MH370，原定由吉隆坡飞抵北京，却在起飞2小时后与地面管制中心失去联系。该飞机本应于北京时间3月8日6时30分抵达北京，然而在马来西亚当地时间3月8日凌晨2时40分与管制中心失去了联系。马航已经启动应急救援行动和联络政府单位寻找该飞机。在事故发生后，马航联系了搜救部门从而锁定航班大概位置，然后开始搜救行动，中国外交部、中国驻马来西亚使馆和驻越南使馆已启动应急机制，全力做好搜救工作。

3月18日17时，我国紧急调动多艘舰船抵达设置在新加坡附近的临时集结点进行待命。

次日8时，各国舰船从集结点出发执行搜救任务，任务路线分成南北两路，此次搜救是事发后的第二阶段搜救。新的搜寻区域已经扩大到50万平方公里。根据多方交流得到的信息，其他国家已经搜寻了安达曼海、马六甲海峡等区域，澳大利亚派飞机搜寻了圣诞岛和科科斯群岛附近海域。为了减少搜救区域重叠、加快搜寻效率，我国海上搜救中心决定本国舰船搜寻苏门答腊岛附近海域。

4月2日，马方警察局长表示，警方将会以刑事案件调查的方式对此次失联事故展开调查。此外，调查机长飞行模拟器尚无具体结果。

10月6日，澳大利亚运输安全局称，在中断4个月之后，重新启动在南印度洋实施的水下搜索行动，马方的"凤凰"号搜寻船已开始搜寻相关海域。除这艘搜救船外，与马方达成协议的两艘荷兰籍搜救船只也在月底抵达，三艘船只一起搜寻附近海域。

10月10日，澳大利亚运输安全局首次对外公布了MH370航班失联的初步调查报告。据推测，客机可能在燃油耗尽后，失去动力坠入南印度洋。这份名为《马航370飞行路线分析更新》的报告称，来自多个国家相关组织和专家，根据已有的卫星通信数据以及客机飞行数据，重现了 MH370 航班的飞行轨迹路线。路线显示，电力故障之后，有一个系统在故障一分钟后开始运行，并在飞行过程中不断发送卫星脉冲，在飞机坠入海里的 10 分钟前，飞机向外发送了最后一个脉冲信号。最后，飞行时间比预定的 5 个小时多出了 2 个小时 40 分钟。

2015 年 1 月 29 日，马来西亚民航局正式宣布，马航 MH 370 航班失事，同时，推定机上所有 239 名人员已全部遇难。

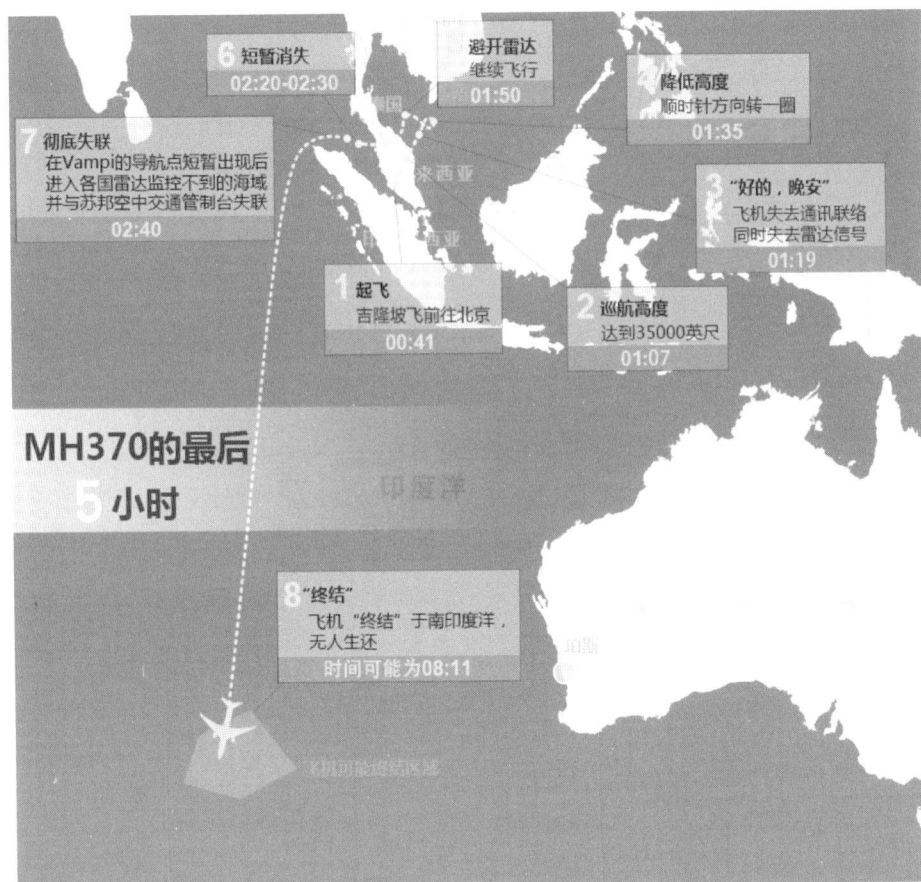

图 2—17 马航失联过程

（图片来源：新华网）

同年 7 月 29 日在位于印度洋上的法属留尼汪岛发现的飞机残骸，确属于去年（2014）3 月 8 日从吉隆坡飞往北京途中失联的马航 MH370 客机，在失踪了 500 多个昼夜之后，MH370 航班的残骸首次被发现。

同年 12 月 9 日，澳大利亚 MH370 调查报告公布，即失联客机遭遇了由断电引发的严重技术故障。事故案发之前，MH370 航班曾遭遇过突发电力故障，这个下面的推测，即失联客机遭遇电力故障，航电系统失灵，机组人员无能为力，飞机只能"自动"飞行，直至燃料耗尽，坠入海洋。

三、经验与启示

马航 MH370 事件是一次重大的航空事故，由于此次航班是国际航班，并且飞机上乘客涉及多个国家，因此救援工作涉及多个国家，在此次救援工作中我国政府联合其他国家救援部队实施了长时间的搜救工作。由于事件发生突然而且事故原因事先没有获知，而且飞机失事海域涉及范围很广，因此，虽然各方救援队伍进行了长时间、大规模的搜救工作，但是仍然没有重大收获，直到 2015 年 7 月 29 日才最终发现飞机残骸。因此，此次事件给我国的启示除了加强航空管理之外，还有：

（一）建立海上搜救力量更加重要

此次失联事件引起了世界各国的高度重视，也是我国展示处理海上事故能力的一个重要机会。中国作为全球第二大经济体和重要的海洋大国，理应在类似国际事件中承担相应的责任，并且发挥关键作用，在我国大力加强海洋强国建设，不断维护自身海洋权益，不断增加海上运输能力，努力开发海上资源，海上活动日益复杂和频繁的大背景下，各种常规和非常态突发事件不时发生，此次马航失联事件更加凸显了建立海上搜救队伍的重要性，只有拥有一支完备的现代技术的专业海上搜救队伍，才能有效应对海上各种突发事件。

（二）深海探测、打捞技术与装备亟待加强

我国深海打捞技术装备还处于研发阶段，缺乏实地深海打捞的实战经历，救援船舶海上实时通信能力不足。此次搜寻失事航班的行动过程中，我国派出的搜寻船舶上没有安装与海事监测相关的侦察装备和海上监测系统，仍然是主要依靠盲目的方式进行搜寻坠机残骸，除了声呐探索，并没有其他辅助技术提高搜寻效率，欠缺海洋实时图像卫星交互能力，还没有掌握测绘远洋海底地理的技术。

（三）构建国际间的危机沟通联动平台

为了保证能够高效开展国际间危机沟通工作，建立各国之间长期的合作交流机制迫在眉睫。这就要求在今后处理国际公共危机事件的过程中，我国要主动参与到与其他国家的联系和合作中去。借鉴、学习各国在公共危机沟通方面的先进经验，能够促进本国的危机沟通机制的进化以及与其他国家的联动能力的提升。同时，不断拓宽国际危机沟通合作所涉及的范围，增加危机信息交流的内容，不仅局限于危机救援的层面，还更应考虑到危机预防和救援准备两个方面。

案例 9 深圳山体滑坡事故

一、案例简介

2015 年 12 月 20 日 11 时 40 分，广东省深圳市光明新区凤凰社区恒泰裕工业园发生山体滑坡。受本次滑坡影响的地区广泛，滑坡覆盖面积高达 38 万平方米，同时间受损房屋 33 栋，部分房屋遭到掩埋，对民众的生命财产安全造成极大损害。

2015 年 12 月 25 日，经国务院深圳光明新区"12·20"滑坡灾害调查组调查认定，此次事故并非自然地质灾害，而是一起由于渣土违规堆放造成滑动的人为安全生产事故。事故共造成 69 人死亡，8 人失踪，16 人受伤，逾 900 人被疏散。

图 2—18 深圳恒泰裕工业园滑坡前后对比

（图片来源：新华网）

二、案例回放

2015年12月20日11时42分，广东深圳市光明新区凤凰社区恒泰裕工业园发生山体滑坡。滑坡直接导致事故地点附近的西气东输管道及煤气站爆炸，20栋厂房倒塌，多人被困。经排查，发现深圳光明新区柳溪工业园发生山体滑坡，判断为由此造成管道受损泄漏，但未发生爆炸。这起事故引起了党和国家领导人的高度重视并在第一时间做出重要批示。救灾指挥为国土资源部及应急办工作组领导组成，连夜赶赴现场，到达现场后随即将应急响应级别由四级提升至三级，在救助本次灾害的同时，做好防范措施，避免二次灾害发生。

12月20日12时，深圳市和光明新区启动救援应急预案，迅速成立现场救援指挥部，成立现场搜救组、现场监测组、医疗保障组、核查人员组、新闻发布组、自身灾害防范组、外围警戒组、交通疏导组、通信保障组、后勤保障组等10个小组。组织公安，消防、特警、卫生、应急、安监以及光明办事处还有社区住建部门，规划国土部门近1500多人在现场全面开展救援工作。

12月20日13时13分，现场解救出4名被困人员，1人轻伤，其他3人无受伤，另外发现还有1人被困，消防队员营救。

12月20日18时30分，广东省公安消防总队已调派广州、深圳、东莞、惠州、佛山、中山、肇庆、珠海、江门、河源和总队特勤大队11支消防救援队104辆消防车、566名消防官兵、123台生命探测仪、4台无人机、30条搜救犬参与救援。

12月21日，国土资源部高度重视深圳滑坡事件，又一次提升了地质灾害应急响应等级，至此，深圳山体滑坡事故地质灾害应急响应等级为二级。国务院相关部门也派出专项工作组赶赴现场指导帮助地方开展抢险救援。

12月21日凌晨3时，现场指挥部决定对失踪人员进行网格式搜救，采用机械加人工的搜救办法。整个搜救过程中包括78台挖掘机、1200名消防、武警和公安民警，从不同方向展开大规模的机械挖掘与人工搜救。针对事故中泄漏的天然气管道，中石油抢险队也在第一时间对受损部分进行了氮气吹扫，以保证输气管道中没有天然气残留，同时修建了临时输气管道以保证正常输运。

12月21日中午12时，参与救援的大型工程机械已经达到172台，初步打通了六条救援通道。此外，深圳供电局调集17台应急发电车、53台照明设备在现场配合救援和应急照明工作，为现场抢险单位提供电力保障。

12月22日，深圳光明新区人工堆土垮塌事件抢险救援工作仍在进行，国土资源部将地质灾害应急响应提升至一级。

12月25日，国务院深圳光明新区"12·20"滑坡灾害调查组经调查认定，此次滑坡灾害是一起受纳场渣土堆填体的滑动，不属于自然灾害中的山体滑坡事故，定性为安全生产事故。

截至2016年1月6日，参加救援的各方力量，包括中国人民解放军、武警部队、公安消防和省内外救援力量、社会救援力量等共10690人，投入大型工程机械设备2169台，至今已完成土方量超过200万方，累计环境消毒面积153万平方米、杀虫面积187万平方米。救援现场累计监测36000人次。

三、经验与启示

由于自然环境及地理方位的原因，我国近年来滑坡等自然灾害时有发生，但亦有许多灾害的发生是由于当地对资源的过度开采而导致的生态地段薄弱，这归咎于管理不严和治理不当。按理说，处于国内一线大城市的深圳，以其先进的技术和现代化的开发管理并不能算在此列，但正是基于这个想法，此次事故的发生才令人感到意外与担忧。深圳作为国内最先进的城市之一，仍会出现此种事故，暴露出了一个严重的问题隐患：许多看似"天灾"的事故其实并不单纯是自然原因造成的，对于地质环境的漠视与胡乱开采也是导致此类事故的重要诱因。这起滑坡事故，无疑暴露出城市治理的落后一面。

（一）加强"人为"灾害的预防与监管

"预防为主、预防与应急相结合"是应对突发事件的重要工作准则，将同类、相关突发事件的应急预案做精做细，使灾害预防工作贯穿于整个城市的规划与建设，统筹考虑各方面影响因素，利用一切可以利用的资源与方法，最大化地建设一座具有防灾减灾能力的综合大型城市，一旦发生对人民生命财产安全造成威胁的意外灾害，具有快速应变与响应能力。在此次山体滑坡事件中，人工堆出来的"山"滑坡了，之前那里是个停用采石场的尾矿库。按《尾矿库安全技术规程》，停用尾矿库重新利用或改做他用时（如此次深圳倾倒渣土），需要像"新尾矿库"建设一样，必须进行技术论证、工程设计、安全评价。事故的发生为相关部门工作的失职敲响了警钟，对于相关人员的刑事处理为安全工作人员起到了警示作用。

（二）提高灾害发生前预警效能

预警级别的确定是根据国家、省市级预案的相关规定，这些规定中详细写明了发布、调整和解除预警的方式、方法、渠道和预警响应措施。一旦灾害发生迹象显现，相关单位立即进入警戒状态，对事件走向进行相应评估，提出预警建议，按流程向上级机关报请发布预警信息。在此次事故发生前，合时宜的预警可以有效地避免灾害的发生。当预防与监管环节未能有效发挥作用时，灾害的预警是防止事故发生的最后一条防线。

（三）应急处置与救援及时得当

事故发生后，信息报告第一时间得到共享，突发事件中的伤亡、失踪、被困人员等信息第一时间得到传递与通报。经过先期处置后，国土资源部依次提升了应急响应级别，避免了突发事件可能造成的次生、衍生和耦合事件。此次灾害在救援中依次进行了应急预案所指导的每一个环节，在灾难面前，尽力减小了人员的伤亡与财产的损失。后期处置与应急保障也体现出了我国救援能力的快速提高。同时，深圳市突发事件专项应急预案的完备能够体现出这个现代化城市对安全与应急的重视。

案例 10　陕西大巴坠崖事故

一、案例简介

陕西大巴坠崖事故是指 2015 年 5 月 15 日下午 3 时 27 分发生在陕西省咸阳市淳化县的大巴坠崖事故。事件起因为西安市等地中老年群众经由西安相伴商贸有限公司组织，以培训讲座为名雇用 4 辆大巴车出游，事故原因为车辆弯道操作失误造成坠崖。

西安相伴商贸有限公司租用的出游活动中用于拉载人员的车辆为京通牌大型客车，2003 年 9 月出厂，2015 年 1 月到强制报废期，2012 年由车主从北京购回，属于非营运车辆。事故发生时，4 辆客车上大多数为老年人，意外坠崖的大巴车核载 47 人，实际乘员 46 人，含 2 名司乘人员，事故共造成

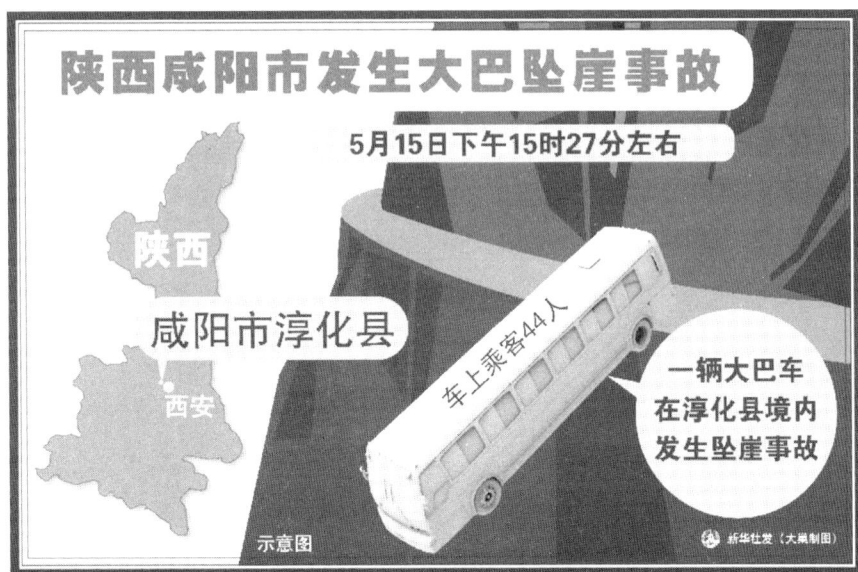

图 2—19　"5·15"陕西大巴坠崖事故示意图

（图片来源：新华网）

35 人死亡、11 人受伤，直接经济损失 2300 多万元。

二、案例回放

2015 年 5 月 15 日 15 时 27 分，淳化县淳卜路 2 公里 +450 米处，西安相伴商贸有限公司雇用的 4 辆大巴车中一辆失控坠崖。当时共有 193 人在 4 辆大巴车内，坠崖的大巴车核载 47 人，实际乘载 46 人，包含 2 名司乘人员。

5 月 15 日 15 时 30 分左右淳化县消防中队接到报警，出动 15 人后续还有其他 3 个中队约 30 多名官兵增援。

5 月 15 日 17 时 30 分开始，陆续有 7 名伤员转入核工业 215 医院，最轻的一名病人腰椎和肩胛骨骨折。

5 月 15 日 20 时 10 分左右，现场救援已经结束，为接待和安抚事故伤亡人员家属、确认遇难者身份、事故赔偿处理、保持社会秩序稳定等工作，当地党委政府成立了安抚工作"一对一"工作组。为确保伤情得到妥善处理，卫生部门专门调遣救治人员，组成专家医疗领导小组，对每位伤者制定对应救治方案。

5 月 15 日 20 点 10 分左右，事故已造成 33 人死亡，其中 25 人当场死亡，8 人抢救无效死亡，13 人受伤送医。

5 月 16 日 9 时 57 分，大巴车坠崖事故死亡人数已上升至 35 人。送往咸阳市陕西省核工业 215 医院救治的两名女性伤者因抢救无效死亡。

5 月 16 日 10 时 31 分，事故共造成 35 人死亡，其中 20 女 15 男，包含 1 名司机。伤者已被转移至咸阳市 215 医院等 3 家医院救治，其中 5 人病情较为危重，从陕西省调集的十余名医疗专家已到达医院全力救治。陕西省、咸阳市和淳化县相关部门正组织力量参与救治和事故原因调查。

5 月 16 日 15 时，事故现场勘察和各项善后工作有序进行中，国务院特别调查组已抵达现场。

5月17日下午，事故定性为性质严重的责任事故，最高人民检察院已派员赶赴咸阳，严查事故所涉渎职等职务犯罪。经事故调查组调查后发现，大巴车在事故发生前，西安临潼区交通运输管理站的三名工作人员对这辆非法营运的大巴车进行过检查，却没有按照规定进行暂扣，三人超越职权违法处罚，放纵大巴车继续非法营运。

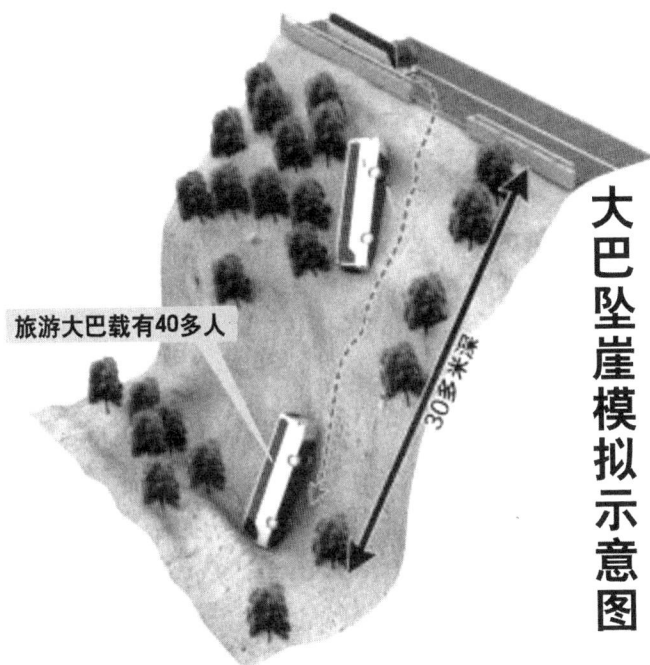

图 2—20　大巴坠崖模拟示意图

（图片来源：华商报）

三、经验与启示

事故暴露出诸多问题，如商贸公司非法展开旅游经营业务、非法营运、客车安全技术不达标、司机应急操作错误、道路安全防护设施缺失、执法人员滥用职权等。事故造成重大人员伤亡，无疑是一次惨痛的教训，需深刻吸取事故教训，举一反三，充分了解当前道路交通安全所面临形势的严峻，采取更为有效的措施：

（一）加强车辆各环节的监管，严查非法改装行为

事故中企业为商贸公司，借旅游推销保健品，车祸中的死者和伤者多为50—80岁的中老年人，商贸公司是不能也不具备招徕、接待、组织能力和经营范围的，属于非法从事旅游经营，相关部门对其组织活动手续、车辆营运手续等进行的相关监管存在遗漏。西安相伴商贸有限公司租用用于拉载人员的二手车辆是2012年由车主从北京购回，属于非营运车辆，车辆安全技术并不符合规定。非法营运和客车非法改装等违法行为屡禁不止。监管部门要将非法生产和改装车辆扼杀在源头，从车辆生产环节到维修改装厂家再到销售交易市场，管理部门必须坚决落实相关规章制度，对非法生产和改装车辆等行为"零容忍"，对违反相关法律法规的相关单位进行责任追溯，严格彻查企业单位违法行为和政府管理部门监管不力的责任。上级政府部门要对较大道路交通事故调查处理落实情况执行事故查处挂牌督办制度，挂牌督办，对影响严重、性质恶劣的典型交通事故，进行提级调查，确保调查公开公正、查处及时、追责到位。

（二）坚决打击车辆、驾驶员无资质非法营运行为

需对客运班车、旅游包车市场进行全面整顿，对出现以下情况的客运车辆坚决打击，从严处置，严重者不予登记、检验出站。

一、车辆运行状况达不到相关要求的"营转非"客运车辆；二、非法从事车辆运营的客运车辆；三、达到报废年限的车辆；四、不按要求进行"面对面"安全宣誓活动的客车驾驶员；五、不进行"安全带—生命带"专项行动的客车驾驶员；六、车辆登记检查不过关的客运车辆。

（三）排查整治道路交通安全隐患

以山区、农村特别是危险路段地区为重点，对道路相关安全防护设施进一步强化治理，防范重特大道路交通事故发生，确保人民群众生命财产安全。切实加强山区、农村等地区车辆通行安全管控，尤其要针对山区、农村道路状况实施严格的交通管制，并制定完善的交通管理制度，对旅游包车、客运班车实施安全监管和道路通行管控，对于没有完成重大隐患排查治理的山区、农村临水临崖、急弯陡坡等路段，禁止旅游包车、客运班车通行。

（四）规范执法行为，强化道路交通安全意识

后期调查中发现西安市临潼区运管站未有效建立"查处分离"的执法工作制度，运管人员未经站领导同意，也未例行审批、集体讨论，擅自降低处罚标准，并不按法律规定责令停运、采取暂扣措施，仅罚款3000元即予放行，"放纵该车继续从事非法营运活动"，致使公共财产和人民利益遭受重大损失，折射出的"我国基层行政执法现状"的问题。这一系列执法不规范行为，系造成客车坠崖事故的原因之一。政府需高度重视道路交通安全工作，深刻吸取此次重大道路交通事故的经验教训，认真贯彻和落实党中央、国务院领导同志关于加强道路交通安全工作的重要指示批示精神，深入强化道路交通责任意识和安全红线意识。

第三章　公共卫生应急管理

案 例 1　SARS 事件

一、案例简介

SARS 即严重急性呼吸系统综合征，中国大陆简称其"非典"，2002 年在中国广东顺德最早发生，并经过东南亚扩散至全世界范围，该特大疫潮直到 2003 年年中才被控制并消灭。

该事件引发了极大的社会恐慌，造成大量患者及医护人员的死亡，受到世界各地及组织的高度关注。据可靠数据显示，全球范围内 SARS 病毒感染者数量在 8400 人以上，919 人死亡，在中国大陆感染者数量为 5327 人，349 人死亡。

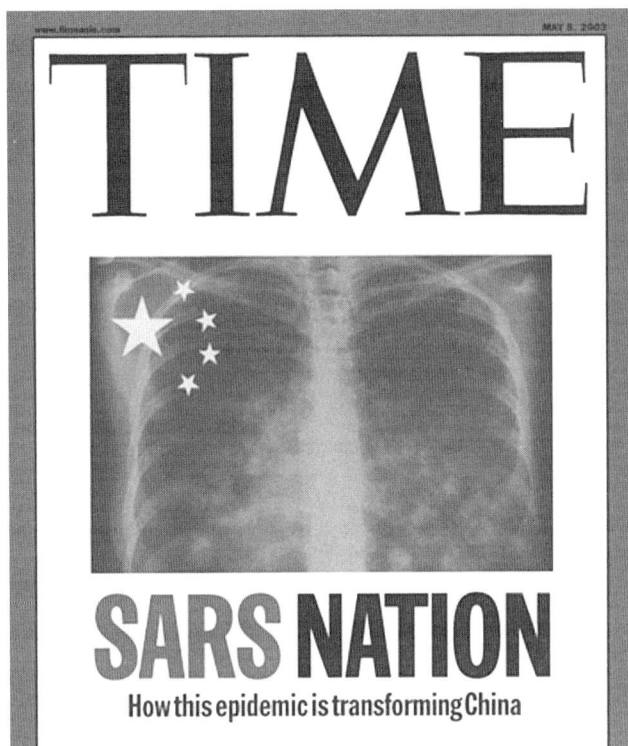

图 3—1　SARS 事件登上时代周刊封面

（图片来源：美国时代周刊）

二、案例回放

（一）爆发

2002 年 11 月 16 日，爆发于广东顺德，而在 2002 年 12 月 15 日河源市患者黄杏初是被上报的第一例。

2002 年 12 月底，广东省内流传了一种可怕怪病的言论，传言甚至称大量患者在医院死亡。

2003 年 1 月 10 日，黄杏初出院，是中国第一例非典型肺炎报告病例。

（二）疫情的公布及扩散

2002 年 12 月，在疫情最初爆发时，广东省及市政府一直未公开相关信息，也未将情况告知香港方面。

12 月底，疫情开始流传于网络，由于当时群众对其不甚了解，网上的言论较为混乱。

2003 年 1 月 2 日，广东省卫生厅接到了河源市关于该疫情的报告，不久后几名医护人员在中山市受到感染，广东省对中山市进行调查，并于 1 月 23 日将调查报告下发至各地，命有关单位做好防控工作。

截至 2 月 9 日，广州市病患已超过 100 例，医护人员占了很多，其中两例已死亡。国家卫生部开始关注广东发生病情，下派专家组至广州指导防治工作。

2 月 11 日，广东省卫生厅组织开展病情通报会。中国工程院院士钟南山表示，疫情不会影响市民的正常公共活动，并称学校可以正常开学。专家还称可能是由病毒或其亚种引起。

3 月 6 日，北京出现第一例输入性非典病例。

3 月 10 日，香港媒体称多名医护人员在威尔斯亲王医院出现发烧、呼吸道感染等症状。至 3 月 13 日，全香港已有 115 名医务人员感染 SARS。

3 月 12 日，世界卫生组织对全球发出 SARS 警告。

3 月 13 日，台湾省通报了第一例 SARS 病例。

3 月 15 日，世界卫生组织将该病正式命名为 SARS。

3 月 15 日后，世界各地都出现了 SARS 相关的报道，由东南亚传至北美、澳洲和欧洲。

3 月 31 日，中国发布《非典型肺炎防治技术方案》。

3 月 31 日，中国工程院院士洪涛表示 SARS 致病原已成功分离，可能为一种新型变异的衣原体。

（三）大规模公开防治

4月10日，时任卫生部副部长马晓伟在记者招待会上称：中国对于非典疫情的报告是确切可信的。至4月9日，中国内地非典型肺炎共报告1290例，已经治愈1025人，占病例总数的79%。

4月13日，中国决议把SARS列入《中华人民共和国传染病防治法》法定传染病来防控管理。

4月17日，召开中共中央政治局常务委员会议，对SARS的潜在威胁和严重程度有了全面的认识，开始采取各种紧急措施。

4月19日，温家宝对地方官员发出警告，将对瞒报疫情官员进行严厉处分。北京瞒报的37例暴增至339例。

4月20日，卫生部宣布实行"疫情一日一报制"。同时，五一假期被暂停，北京市多所学校已停课。

4月26日，铁道部要求SARS相关医疗用品必须在24小时内送达目的地。

5月1日，美国《科学》杂志刊登两篇关于SARS病毒基因组序列的论文，这是首批同行评议的SARS病毒研究结果。

5月4日，世界卫生组织公布全球最新SARS疫情报告：截至国际时间5日18时，全世界共有确诊患者和疑似患者6583例，其中461人死亡，2764人痊愈。较3日的统计数据提高了364例、26人和62人。共有30个国家和地区有疫情传播，欧美国家尚无死亡病例。

5月21日，北京地坛医院张某作为北京最后一名非典病例康复出院。

截至5月23日，北京市解除747名密切接触者的隔离状态，非典传播链被彻底切断。

6月1日，北京市防治非典型肺炎指挥部被撤销。

6月15日，中国大陆地区实现"三零"纪录，即既往疑似转确诊病例、疑似病例、确诊病例数均为零。

6月20日，最后18名患者从小汤山医院出院。该院先后救治了672名SARS患者。

三、经验与启示

在我国26个省、市、自治区爆发的非典型肺炎疫情是史上罕见的重大社会危机，它危害大、来势猛、传染性强，且诊断与治疗难。而我国人口数量多、人口流动性高以及幅员辽阔的特点，加深了防治防控工作的困难性、复杂性及反复性。政府职责是否履行到位，是否能充分合理调度各类社会资源，是否能协调动员社会各界力量，是防控非典型肺炎疫情的关键，与人民的生命安危与利益保障紧密相扣，也与国家的利益得失、发展稳定以及在国内外的形象高低息息相关。

（一）暴露问题

尽管地方政府在SARS事件的应对处理工作中取得了令世人称赞的成绩，但付出的代价也是巨大的。这体现出了地方政府在行政工作中存在的一些诸如体制、理念等方面的不足。

（1）地方政府对疫情信息的发布缺乏时效性和透明度

第一，信息系统不够健全高效。本次事件可以暴露出地方政府对信息的搜集方式单一、渠道狭窄，对信息的分析、监管以及追踪处理等方面缺乏一套高效、完整的机制，信息监管能力不高，信息更新速度缓慢；第二，疫情报告制度不够科学完善，相关部门统计疫情过程中存在疏漏，漏报、瞒报和缓报现象频频发生，致使流言恐传遍地，极大加强了群众对于政府部门的一种逆向不信任感；第三，关于非典防治药物的广告盛行，致使大量公众被欺骗和误导，进而对相关媒体失去信任感。综上，有关责任部门在信息处理能力上的欠缺，已经极大影响了政府防控 SARS 事件的时效性，很大程度上限制了地方政府管理职能的发挥。

（2）地方政府长期部署、全面协调和面对特大灾难的反应机制不健全

改革开放至今，各级政府在通货膨胀、社会动乱、失业下岗潮等经济、社会领域突发事件及地震、台风、洪涝等自然灾害方面的管理应对已有了一定的经验积累，但在特大突发性社会危机的应对和防控方面仍显乏力，大部分时候都处于被动反应的状态。SARS 疫情的爆发虽然具有突发性和偶然性，但由于地方政府长期部署、全面协调和面对特大灾难的反应机制不健全，疫情的大幅扩散以致发展为重大社会危机的事件又存在了一种必然性，个中问题值得深思。

（3）对疫情的衍生、耦合灾害危机控制能力欠缺

主要体现在几个方面：虚假广告产品、趁乱涨价及流言恐传依旧存在；公共区域卫生条件监管差；对跨区人口流动的控制能力不够，未能全面控制从疫区输出的人员，也未能及时监控输入非疫区的人员，民工回流量很大，对农村防治造成很大困难；社会力量组织较差、参与度不够等等。

（二）改革和完善政府危机管理体制的思考

多难兴邦。SRAS 事件虽是一次灾难，但它也为政府创造了一次自我检讨、自我完善的机会，加强了各级政府应对今后特大危机灾害的能力；SARS 事件也为各级政府敲响了一次警钟，引起各级政府相关部门反思，对日后各级政府应对重大危机意义深远。

（1）全力推行政务公开和信息透明制度

信息数据是各项决策的重要支撑。由其在当前社会各类信息复杂性高、流动性强、变化快的大环境里，信息搜集的全面性、及时性、准确性，信息公布的透明度，及对信息数据的反应能力，是评价政府信息管理能力乃至公共管理能力的标尺。公共信息还是民众了解政府、政府沟通民众的桥梁，只

有在政府与公众之间搭建一个高效的信息意见交互平台，让各方都相互理解，达成共识，才能减少矛盾与冲突，形成和谐的相互信任和全面协作的关系。而传染病的防治和公民人身财产安全的保障本就在政府的基本职责范围之内。因此，当发生突发事件且会对公民健康造成不良影响时，理应使公民对疫情的严重程度及发展动态拥有知情权。

（2）重视社会组织的作用

当突发事件发生时，各级政府是义不容辞地应该站在最前，但如果有社会组织力量的配合和响应，那在事件的应对与处理中会更加游刃有余。社会组织因其志愿性、非营利性、专业性以及贴近基层的特质，在配合政府应对突发事件等方面有着很大的优势，也可以发挥较为突出的作用，现已逐渐跻身政府部门进行社会公共管理工作的重要参与者之一。在疫情较为严重的香港，一些社会组织积极响应政府共同抗击非典，也对政府部门起到了监督、督促的作用，对保障香港民众的生命健康安全做出了显著的贡献。而同一时间内，广东、北京等地区非典疫情也较为严重，但当地社会组织的作用却很少可以得到发挥。尽管政府始终在突发事件的防范、预控与应对上占主体领导地位，但也应支持、鼓励社会组织积极参与进来，弥补官方的欠缺与不足。另一方面，社会组织也应该知难而上，迎接挑战，抓住机遇，全力配合响应政府共同应对各类危机与灾害。

（3）加强建立与国际方面的系统性合作与交流

在这次全球抗击非典中，中国所做的巨大努力及获得的突出成果受到了世界各国及世界卫生组织的肯定。但从另一个方面可以看出，我国在突发事件的数据采集、风险预警、监测监控、反应处理和信息发布等方面，与国际方面的合作、交流还应加强。首先，应向发达国家学习借鉴高水平信息系统的构建，并建立灾害疾病通报机制。与英国、美国、加拿大等医疗技术较发达的国家地区进行交流探讨，共同寻求抗击 SARS 危机的方法。其次，应尽力减少我国因这次疫情在国际上造成的负面影响。

（4）扩大国家安全的范畴

纵观全球，SARS 病毒在全世界范围内横行肆虐，已经对中国外交造成了巨大冲击。本次外交问题是由非常规性安全问题造成的，大量中国公民在世界各地受到负面影响，有些国家甚至开始对华人产生种族歧视。因此政府需要对国家安全观进行重新定义，把国家安全的范畴扩大至"社会安全"及"人的安全"。对此，农业、环境、公共卫生、司法、情报和国防等过去关系并不紧密的部门应通力合作，努力合为保护国家安全新功能体。各方人员应积极配合主管公共卫生官员，创建国家各级医疗监测、检验系统，并搜集各类疫情相关的政治、经济、社会等情报，大力加强国际间合作。

案例 2　三鹿奶粉事件

一、案例简介

三鹿奶粉事件起因是有多名婴儿被查出患上肾结石，且他们都食用了三鹿集团制造的奶粉，之后经检测发现三鹿集团制造的奶粉中含有工业原料三聚氰胺。事件引发世界各地的高度关注，也造成了国人对乳制品安全问题的恐慌和担忧。随后国家质检总局依次对国内各类乳制品生产厂家的婴幼儿奶粉进行三聚氰胺检测，并将检测报告公布，事件迅速升级，国内包括光明、蒙牛、伊利、圣元在内的 22 个乳制品厂商 69 批次乳制产品中均检测出三聚氰胺。该事件也使中国制造的信誉遭受重创，多国禁止进口中国乳制品。2008 年 9 月 24 日，国家质检总局称该事件已得到控制，在对 2008 年 9 月 14 日后生产的各批次乳制品样本的抽样检测中都未测出三聚氰胺。

据官方公布数据显示，截至 2008 年 9 月 21 日，有 39965 名因食用问题奶粉出现健康状况的婴儿已康复出院，有 4 名婴儿死亡。

二、案例回放

（一）事件曝光

2008 年 9 月 8 日，甘肃岷县有 14 名婴儿在同一时段被查出患有肾结石，引发社会各界关注。至 2008 年 9 月 11 日，甘肃全省患肾结石的婴儿被曝出59 例，有些患儿病情已恶化至肾功能不全，已报告死亡 1 人，这些婴儿的共同点就是食用了三鹿集团生产的奶粉，且价位在 18 元左右。且接下来两个月，其他省市也先后发生了类似事件。

2008 年 9 月 11 日上午 10 点 40 分，新民网公开连线三鹿集团，传媒部负责人称没有证据可以证明患病婴儿的致病原因是食用了三鹿奶粉。随后三鹿集团请求甘肃省质监局对其生产的乳制品进行检测，检测结果均符合国家规定的各项质量标准。同日晚，三鹿集团公开发布对产品的自检结果，检测结果显示在 2008 年 8 月 6 日前生产的部分乳制品已被三聚氰胺污染，约有700 吨还在市面上销售，同时向全社会发出对其产品的召回声明。

（二）调查惩处

2008 年 9 月 12 日，三鹿集团宣称是因为不法奶农为了牟取更高额的利润，将三聚氰胺掺入鲜奶中，才导致了此次事件的发生。

2008 年 9 月 13 日，国务院启动了国家安全事故 I 级响应机制，对三鹿奶粉事件进行处置。对所有患儿统一实行免费医治；对涉及此次事件的奶源供应、收购、加工等环节进行全面调查；对市面上销售的所有奶粉进行全面检测。

石家庄官方判定此次事件是不法分子向原奶中掺入三聚氰胺导致的，19人被拘留，78 人被传唤。

河北省政府处理了三鹿集团的相关负责人，并勒令其停产整顿。国家质检总局局长、河北省委省政府部分人员及石家庄市相关部门人员都被罢免。

（三）事件升级

国家质监总局对全国范围内的婴幼儿奶粉进行检测，结果表明有 22 家乳企的 69 批次婴幼儿奶粉产品中测得不同剂量的三聚氰胺，其中甚至包括蒙牛集团、内蒙古伊利、江西光明、广东雅士利、上海熊猫、青岛圣元、山西古城等知名乳企，产品被勒令立即下架。

三、经验与启示

（一）事件原因分析

"三鹿奶粉事件"反映出一些商人职业道德低下，为了个人利益不惜知法犯法，但是在市场中每个主体都是受利益驱使的，因此必须依靠政府来规范市场，制定各类市场制度和规则，对各个主体和环节进行严格监管，以确保市场的安全性和公平性。

因此，"三鹿奶粉事件"反映出最大的问题是政府监管不作为。"食品质量免检制度"本身就带有一定原罪，关乎民生的食品安全领域根本不容许免检的存在。站在社会角色的立场上看行政权力，政府主要职能无外乎确保市场正常运作，制定科学合理的市场规则。"食品质量免检制度"虽然有其可取之处，"免检称号"也并非轻而易举就可以得到，但从根本上看，设立这种制度就是政府"越权式不作为"的一种表现，主动放弃了监管的权利和义务，且质量本身就具有不确定性和变化性的特点。免检制度既提供了政府监管疏漏的借口，也使得很多企业或其产品规避了检查。

（二）存在的问题

"三鹿奶粉事件"是一起严重的食品质量安全事件。据可靠数据显示，问题奶粉总量高达 10000 吨，产品退回、召回过程中涉赔金额高达 7 亿元，患儿家属索赔金额总量高达 39 亿元。三鹿集团在 2007 年年终的全国销售额总量超过 100 亿元，其品牌价值超过 149 亿元，企业总资产超过 16 亿元，负债 4 亿元。事件发生后，三鹿集团面对巨额赔款，一夜之间资不抵债，品牌价值也蒸发无几。且事件爆发后产生连带效应，致使我国乳制品出口严重滞销，2008 年我国乳制品出口总量为 12.1 万吨，同比下降了 10.4%，而进口奶粉也借此机会以低价倾销的手段迅速占领中国乳制品市场。2008 年我国乳制品进口总量为 35.1 万吨，同比增长了 17.4%，个中问题值得深思。

我国奶业在数十年的发展中初步形成了一条较为完备的产业链，其主要由奶源供应、加工、市场流通这三个环节构成。乳品行业较为特殊，产业链不仅长，且十分复杂，涉及了第一、第二、第三产业，即农牧业、加工业、物流业、销售业等等。只要其中一个环节出现差错，整条供应链都会遭到负面影响，导致乳制品质量安全问题发生，危及消费者的安全与利益。

（1）产业链结构不科学导致质量追溯系统难以建立

三鹿集团采用"产品联合"模式对其企业进行扩张，即允许客户以加盟的形式建立分厂，加盟者可以挂上三鹿的品牌进行生产经营，而三鹿集团从中提取 51% 的利润。在生产监督上，三鹿下派驻厂人员去各分厂进行监督。在实际情况中，该监督模式的效果很差，有些分厂甚至出现下派监督人员与各地人员形成利益勾结，严重影响了产品的质量。因此，该模式可以迅速扩大企业规模，却要以牺牲产品质量为代价。

我国乳制品供应链是典型的头尾大，中间小的结构，奶农与加盟商数量庞大，而奶企作为核心节点，数量少，也未形成完整高效的信息机制，使监管异常困难。当危机产生时，迅速精确地找到危机源头难度极大。因此，供应链结构不科学，信息沟通机制不完善，使得科学完整的食品质量追溯系统的建立缺乏基础支撑，造成产业链监管困难，连接不紧密。

（2）畸形的利润分配使信息透明度低

我国乳制品产业链条缺乏合理科学的风险承担机制和利润分配机制。纵观整个产业链的资产投入情况，流通环节约占总产业链的 10%，加工环节约占 20%，奶源供应环节约占 70%，而其利润分配比依次为：5.5：3.5：1。可见这三个环节的投入与收益严重不合理。中国的乳制品经营模式不同于国外奶源至工厂至市场一体化的模式，奶农和乳企为两个独立的利益体，因此奶农无法享受到供应链下游所产生的额外利润，缺乏正向激励，导致供应链上每个环节成员企业为了自身利益无法形成一致的目标，上下游无法达成信息共享，更谈不上相互合作，严重影响了整个供应链的性能和效益。

（3）信任危机

乳企一般投入大量财力和精力在其外包装与产品广告上，这种营销策略是乳企对其品牌建设重视的一种表现。光明乳业在 2008 年亏损 2.86 亿元，其在销售方面所花费用为 23.2 亿元，占了当年营业总成本的 47%，占营业总收入的 31%。三鹿奶粉事件发生之后，伊利在 2009 年的第一季度投入 8.59亿元在其广告宣传上，同比增长了 85.1%，同样时间段蒙牛投入了 5.26 亿元在其广告营销上，同比增长了 20.4%。重广告轻奶源的营销策略，虽然在短期内可以有效提升企业品牌形象，但从深层次的角度上来看，消费者所花费的钱极少部分可以被用于改善奶源。

品牌与信任并不挂钩，对供应链上各个环节严格把关，把风险降到最低，才能换来消费者的信任。依靠广告打造出来的信任，在真正危机来临时显得脆弱不堪。三鹿集团在三聚氰胺事件之前其品牌价值高达近 150 亿元，位居同行前列，而事件发生之后，其品牌价值一夜之间蒸发殆尽。

（4）监测预警体系缺位

确保食品安全比较重要的步骤便是检验食品的危险性、化学性和危害性，我国目前很少有检测机构拥有先进的食品质量检测仪器及技术，无法全面对食品的化学性和危害性进行暴露评估和定量危险性评估，对食品添加剂、包装材料的安全性评估研究也较少，也缺乏农药残留检验技术，从而导致法律规定不能彻底执行。如苏丹红很早以前便禁止使用于食品中，由于缺乏苏丹红的检测技术和检测设备，各质检单位都无法对苏丹红这一项进行检测。我国也不具备先进的农药残留量检测技术，对残留农药的检测类别不超过 100 种，而在美国有 360 种以上，德国有 300 种以上，加拿大有 250 种以上。我国在缺乏先进食品质量检测仪器及技术的同时，还存在诸多管理体制问题，无法实现食品安全信息发布与共享的协调性，使得食品风险评估与检测预警系统存在诸多漏洞，导致出现食品检测漏洞引发的公共危机。

（5）政府监管失控

我国对于食品安全的监管体制还是较为健全，开展食品生产与经营的企业获得生产经营许可证需要经过卫生、工商、质检等部门的认证，还需要考核企业资质和相关技术人员的能力。但是"三鹿奶粉"、"地沟油"、"镉大米"、"毒生姜"等食品安全事件的屡屡发生，增加了公众对我国食品安全质量认证体系和食品药品监督管理体系的怀疑，对于卫生管理局、质量质检机构等政府部门的能力产生质疑。这些食品安全引发的公共卫生安全事件的发生，究其原因是政府部门的食品安全监管体系的不完善，执行力度不够。

（三）对策与建议

（1）积极完善食品安全监管制度

一方面，食品安全属于公共范畴，出现问题后不仅会危及生命健康，而且其带来的后果将不堪设想。同时，信息不对称也是造成食品安全问题的主要原因。在当前政府监管环境下，消费者无法对食品进行安全鉴定，不仅技术上无法实现，而且在成本上也不切实际。当选择食品时，消费者只能通过商标、品牌或者印制在食品上的相关信息获取质量信息，而政府相关部门则是这一信息的主要监察责任者，必须要对食品安全信息及时披露。政府相关部门对产品质量的认定，决定了普通消费者能否安全选择食品。

（2）食品安全工作向以保护消费者权益为理念核心的方向转变

我们必须要打破旧观念，将思想观念切实转变过来。不能再像过去一样，关注点停留在食品量上、企业效益上和追求经济发展上。食品安全监管需要将关注重点转移到食品质量、对消费者权益保护、追求社会各方面协调发展上。

首先，引入"食品安全权"刻不容缓。以此为核心，构建食品安全法律救济体系，完善责任追究体系，从而提高对消费者合法权利的保护。不仅使消费者在食品安全事故中可以有法可依并依法追究，而且能使不法食品生产者倍感忌惮，从而规范食品生产。

其次，政府部门应严格区分食品安全责任，不宜继续沿用过往"大包大揽"的工作方式。生产者和销售者是食品安全事故中的主要责任方，是食品安全问题的源头。监管才是政府部门的主要职责。政府切实做好监管，明确责任追究，方能从根本上威慑到不法食品生产者和销售者，从源头上改善食品安全问题。

（3）在《食品安全法》框架下完善监管体系

目前，全球食品安全监管的模式分为两种：一种是以澳大利亚、加拿大、爱尔兰、丹麦为代表，为了对监管环节进行全方位监管，解决部门之间分散、无交流、不协调等问题，将所有分割的食品安全监管部门合并为一个统一、独立的食品安全机构；另一种是以日本、美国为代表，食品安全监管机构的组织架构未有变化，但依据对食品类型或生产环节分门别类，从而保证对食品安全各个环节、过程全面监管。对于中国而言，需要在食品安全委员会的食品安全监管体系之下，进一步梳理各监管部门的职能，提高监管效率。

突出食品安全委员会法律主体地位。明晰食品安全委员会的监管作用，强化其对监管者的威慑性，突破"谁来监管监管者？"的困境，尽最大可能发挥其应有的作用。目前来看，我国食品安全监管模式无法形成一套完善的树状监管体系，基于此现状，需加强中央与地方信息沟通，协调上下关系，逐渐形成并运作好中央到地方的食品安全监管体系。

（4）加快完善监管责任追究制度

促进监管主体违纪问责制度体系建设。目前首要任务是大力加强食品安全监管法律体系建设及完备，细看《食品安全法》的有关规则，其内容范围仅包括对食品检验机构人事违法行为的法律约束，并不包含对卫生部、食品药品管理局、质监局等监管机构违法行为的相应约束。为了将食品监管主体的行政责任明朗化，必须在保证食品监管机构其监管主体地位和职责权限的基础上，建立食品安全监管制度体系，依法加强对其的行政监管力度。当前，食品安全监管部门执法较为分散，因此加强对其权力的监管迫在眉睫。

案例 3 H7N9 禽流感事件

一、案例简介

H7N9（Influenza A virus subtype H7N9，记作 A(H7N9) 或 H7N9）是一种甲型流感病毒，或者说是禽流感病毒。因为该病毒在禽鸟类上的死亡率比较低，经过基因交换后转移到人身上的禽流感病毒的一个亚型，人类感染后会出现病发期短、重症率与死亡率等均比 SARS 略高而引起广大社会以及人民群众的关注。H7N9 原本只在禽类间发现，属于一种低致病性感冒病毒。据

图 3—2 2013 年 3 月底到 4 月初 H7N9 疫情分布图

（图片来源：搜狐新闻）

美国卫生部国家生物技术信息中心在 2006 年公开了第一个病毒记录，是于 1988 年从美国明尼苏达州的火鸡身上提取出的。2013 年 3 月下旬，全球首次发现该病毒感染人类，最初的人类感染甲型流感 H7N9 病毒与病例发生在上海，随着病毒开始蔓延，陆续在中国长江三角洲一带的城市被发现。经过研究表明，该病毒为新型重配病毒，其内部基因来源于 H9N2 禽流感病毒，最早是由于东亚地区的野鸡与中国上海、江苏等地的鸡群基因重配引起。截至 2016 年 01 月 10 日，全国已确诊 134 人，37 人死亡，76 人痊愈。病例分布于北京、上海、江苏、浙江、安徽、山东、河南、台湾、福建、东莞、汕尾等地。H7N9 禽流感病毒不但造成人类的死亡，而且造成很多家禽病死，给家禽养殖行业带来巨大的经济损失。

二、案例回放

2013 年 3 月 22 日，上海市公共卫生临床中心发现患者可能感染 H7 病毒，之后把标本送至中国疾控中心。

3 月 29 日，中国疾病预防控制中心从患者的标本中分离出 H7N9 禽流感病毒。

3 月 30 日，中国国家卫生和计划生育委员会组织专家根据病例的临床情况以及检测结果，确诊为人感染 H7N9 禽流感。

3 月 31 日，根据中国国家卫生和计划生育委员会通报，发现 4 例人感染 H7N9 禽流感病例，主要分布在上海市、安徽省和江苏省南京，患者病情比较严重，正在积极抢救。

4 月初，中国科学院通过对禽流感病毒进行基因溯源研究表明，基因主要是由于东亚地区的野鸡与中国上海、江苏等地的鸡群基因重配引起。

4 月 2 日，国家疾病预防控制中心开启物流程序，将检测禽流感病毒核酸检测 PCR 试剂探针和引发物下发至各个地方的各个部门的防控中心和实验室，为了确保 H7N9 的诊断。

4月3日，北京市疾病预防控制中心已经从国家防控中心领到了禽流感检测试剂，通过检验技师的一系列操作，规范了 H7N9 禽流感的检测流程。

4月5日，北京市中医药管理局发布了预防人感染 H7N9 禽流感的中医药方案，并建议高危人群可采用"中药代茶饮"进行控制和防范。

4月10日，中国官方声明易感染 H7N9 禽流感病毒的人群主要集中在从事禽类养殖、销售、贩运、宰杀、加工业等接触过禽类者，这也为禽流感的防控措施提供针对性方向。

4月下旬，北京市疫苗研制工作已经取得新的进展，即将进入动物免疫原性试验阶段，预计在上市后年产量将会高达 2000 万人份。

10月26日，中国科学家宣布人感染 H7N9 禽流感病毒疫苗株已经在全球范围内率先研发成功。

2015年5月1日，江西省九江市新增1例 H7N9 确诊病例，患者为一名王姓的女子，39岁。

6月11日，上海市新增1例 H7N9 确诊病例，患者为一名蔡姓的男子，61岁，于6月10日确诊。

截至2016年1月10日17时，全国已确诊134人，其中3人死亡，76人痊愈。

自2013年至今，内地卫生当局共通报766例人感染甲型禽流感（H7N9）病例。

三、经验与启示

自从2003年 SARS 爆发以来，我国的感染性疾病监控工作取得了长足的进步。此次，自上海出现第1例不明原因肺炎病例以来，我国临床及科研医务工作者做出了快速反应，独立完成了病原的检测、鉴定及新型重配病毒毒株的报告及共享，得益于我国不明原因肺炎监测网络的不断完善，医务工作者对疫情判断的敏感性，以及我国实验室科学建制的严谨和先进性。国家卫生与计划生育委员会、国家疾病预防控制中心和临床机构反应快速，通过良好的病例报告制度，可以快速全局把握 H7N9 禽流感的发病情况及临床表现，并组织进行现场流行病学调查，发现疾病源头及传播途径，及时关闭了活禽市场，及时遏制了疫情发展的迅猛势态。全国自上而下有效的组织管理是保证此次疫情得以迅速控制的关键。通过及时公布疫情，缓解了不必要的恐慌，并以开放姿态与国际各卫生机构合作，增进全球对疫情进展及病原本质的认识及预警。今后，我们要加强以下几个方面的措施，以确保我们免受重创。

（一）加强对动物的监测和监管

一些动物中低致病性的病毒在禽类间传播并偶尔在哺乳动物中适应性传播重配，可导致对人类高致病性病毒的出现，因此，应加强对动物间病毒传播情况的监测。同时通过提倡科学专业养殖、集中宰杀禽类、关闭活禽市场等有效措施，提高我国对动物的监管能力，实现对感染源头的有效控制。

（二）加强对全球严重急性呼吸道疾病的监控能力

在某些国家或地区出现急性重症呼吸道传染病时，有必要加强我国相应的监控能力，及时甄别出输入病例，有效防控，谨防蔓延；在病情进入人际扩散阶段时，我国需要提高信息处理和响应能力，尤其是防治部门的行政效率。

（三）提高对类似散发病例的甄别能力

对临床中遇到类似 H7N9 禽流感的病例，要给予高度重视，加强临床对流行病学、临床特点、实验室检查的甄别能力，尽量使鉴别急性呼吸道传染病能力的关口前移，从而面对错综复杂的局面时，减少惶恐，增加信心。

（四）总结禽流感病毒变异和传播规律

我国应加紧研究和完善禽流感病毒的防控技术。通过系统收集和严格评价每一个禽流感病例，总结禽流感病毒变异和传播规律，发现其中的内在规律和相互关系，尽快推出新疫苗。

案例4　陕西榆林学生集体食物中毒事件

一、案例简介

2011年4月22日上午7时许，发生了一起学生集体食物中毒事件，地点是在榆林市榆阳区鱼河中心小学，经过调查发现，学生喝了由陕西宝鸡市生产的蒙牛纯牛奶提供的早餐专用牛奶所致。经过榆林区各大医院的及时救治，当天中午12时左右，已经有80多名小学生恢复正常。到晚上20时许，大部分学生经诊断无异常，都已返回家中。因9名学生离家比较远，有关部门以及相关领导当天安排学生和家长留宿在医院。在第二天上午，学生通过身体检查并无异常离开医院。蒙牛集团在4月24日表示，此次学生集体中毒事件系学生空腹饮用纯牛奶所致。此次学生专用牛奶中毒事件共造成251名学生中毒，经过医院及时治疗并未出现死亡或者重大伤害。社会舆论对学生的食品安全问题产生了热议，引起社会的广泛关注。

二、案例回放

2011年4月22日7时许，发生了一起学生集体食物中毒事件，地点是在榆林市榆阳区鱼河中心小学。先后超过200名学生被送往医院治疗，其中16人有发烧、腹痛、腹泻等疑似食物中毒症状。校方人士表示：在事情发生前，学生所喝的大部分酸奶主要产于呼和浩特的工厂。4月22日，六年级学生领到的是酸奶，而低年级的学生领到了产自宝鸡的蒙牛纯牛奶。就在当天，很多学生身体出现不适，事发人群主要集中在一到五年级的学生。

事发后，榆阳区有关官员以及教育、质检、卫生、药监、公安等相关部门迅速介入调查此事，蒙牛公司总部的一位副总裁以及数名技术人员也及时赶赴榆林事发地配合相关部门展开调查工作。调查人员现场成立调查小组，分别赶往榆林鱼河中心小学以及医院，协同调查相关事项。同时还责成相关部门将学校和代理商将所剩余的同一生产批号的牛奶全部封存并进行抽样检查化验。经过榆阳区药监局经现场调查后表示，学生当日饮用的蒙牛牌纯牛奶学生奶是由宝鸡生产部生产的，分别为"20110331G7"、"20110330G7"两个批次，这批牛奶是在4月7日配送到鱼河中心小学。同时样本检测报告将会在下周三、四出炉。

4月23日，蒙牛集团新闻发言人针对这次学生专用牛奶中毒事件发出声明表示，蒙牛集团会积极配合相关部门调查，并会在第一时间将检查报告和调查结果向公众和媒体通报。同时，集团表示在结果出来之前，将会回收和封存同一批次的产品。

4月24日，经过诊治检查，蒙牛奶中毒学生全部出院。

4月25日，事发学校基本上已经恢复正常教学秩序，后续没有发出现不良反应的情况。鱼河中心小学校的"蛋奶工程"未受到影响，翌日起将恢复供应早餐奶。

4月26日，榆阳市食品安全委员会公布了市疾控中心对蒙牛学生奶的检测结果。样本中未发现致病菌，抽检牛奶中各项指标正常，符合国家饮用奶标准。经过榆林市食品安全委员会认定，这次的学生专用牛奶中毒事件是由于学生空腹饮用冷牛奶所致。

4月26日18时左右，蒙牛集团在官网发布通报，正式确认了榆林市食品安全委员会的检测报告，与集团送往中国检验检疫科学研究院的检测样本结果一致，产品各项指标正常。同时蒙牛集团在通报中表示，会吸取这次事件的教训，严格加强监管，另外会邀请儿童营养专家对孩子们的健康继续跟踪，确保正常。

三、经验与启示

公共卫生事件一直是备受人们关注的主题，突发事件一旦发生，处理不好就会引起社会的恐慌。在"4·22"陕西榆林学生集体食物中毒事件中，当地有关部门和领导能够迅速反应，处置得当，并实行信息公开化，使事态得到有效的控制，中毒学生陆续出院，市民情绪也得到了稳定。总结这起事故可以得出以下几点经验和启示。

（一）面对突发事件，各部门正确面对，积极处理，控制事态恶化

（1）政府给予高度重视，及时处理

事件发生后，榆阳区相关领导已经涉及部门及时作出响应，现场成立了调查小组，分别赶往榆林鱼河镇中心小学以及医院，协调各部门调查相关事项。一是及时安排学生进行就诊；二是立即对事故展开认真调查；三是及时通告相关检测报告和有关情况，稳定民心。

据了解，事件发生后，榆林市榆阳区领导在第一时间内赶到中毒学生就诊的各个医院看望同学，安抚家长。同时让榆阳区食品药品监督管理、质检、公安、卫生等相关部门将导致此事件的剩余同一批次的牛奶进行封存和进行样品抽样检测。并针对此次学生中毒事件召开新闻发布会，并表示会及时更新信息，安抚群众。

（2）学校积极面对突发事件，迅速控制事态

榆阳区鱼河中心小学采取正确的应对方法和手段，迅速开展救治，控制事态发展，积极面对突发事件。校领导及时收集各方面信息，配合调查工作，同时安抚家长情绪，做好解释工作。事后校方及时完善学生早餐奶的管理发放制度，恢复学生奶的正常供应。

（3）蒙牛集团配合调查，正面回应

针对这次学生专用牛奶中毒事件，蒙牛集团内部成立应急小组并由副总

裁亲自带队到达现场，积极配合相关部门工作。蒙牛通过官网及时发出通报，表示会在第一时间内将调查结果以及检测结果通报给公众和媒体。这种信息透明化的方式以及企业负责人的态度，在一定程度上安稳民心和媒体大众。同时蒙牛集团为了民众的健康，表示会立即收回和封存同一批次的产品，另外会邀请儿童营养专家对孩子们的健康继续跟踪，确保正常；加强监管生产，提出更高的检测技术，实现双倍检测各项指标。

（二）食品安全形势严峻，不容忽视

中国的食品安全目前的形势很严峻，前几年的三聚氰胺事件已经给我国的乳制品企业敲响了警钟。再加上不久前的健美猪事件、染色馒头等等，这让老百姓对国内的食品没有了一点安全感，很多都大量地购买国外的食品，对我们的国内企业造成很大的经济损失，也给我们的国家声誉造成无法弥补的损失。同时也反映了我们的监管部门的缺失和不作为。

该起事件中学生所饮用的学生奶来自陕西省"蛋奶工程"，而近年来，陕西蛋奶工程安全事件频发，仅2010—2011年两年内陕西地区就至少出现4起大规模蛋奶工程"放倒孩子"事件，"4·22"学生专用牛奶中毒事件再次沉重打击了中国奶业信誉度。学生奶计划国家成立时间是在2000年8月，挂靠在农业部。随着管理体制的改革，于2003年年底，学生奶行政权转交给各省市负责实施。陕西开始实施营养餐计划是在2009年9月。据统计，陕西总共公布了8家奶产品定点供应企业，其中蒙牛乳业（宝鸡）有限公司就在其中。但在此后，奶产品中毒事件不断发生，"蛋奶工程"也屡屡出现食品安全问题。

（1）原因：利润微薄企业缺乏动力

经过调查发现，"蛋奶工程"计划虽然已经实施，但是学生奶并没有取得很好的推广效果，甚至有些地区都已经取消例如上海。根据专家人士的评估和分析，中国学生奶覆盖率也仅仅只有1.5%的学生。通过查阅相关规

定发现，学生专用牛奶的具体要求，一是学生奶的生产流程以及运营成本与市面上的普通牛奶要求相同；二是学生奶只能为学校提供，不得在市面上销售，同时包装上必须有学生专用奶的标志；三是价格要低于同期同地区的同类产品的价格。按照陕西市的相关规定，奶制品由企业统一配送，并要求全过程采取冷藏。在这方面无疑是加大了企业的成本。利润是企业得以生存的长久动力，而学生奶不仅可能不赚钱，面对的风险太大，这也是企业放弃"蛋奶工程"的主要原因。

（2）现状：学生奶供应良莠不齐

2006年发改委在官网上公布了一则材料，发现学生专用奶在产品供应方面存在良莠不齐的现象，甚至有些地方供应的专用学生奶的蛋白质含量不到1%，可见学生奶计划不容乐观。"一个鸡蛋一杯奶，强健新一代"属于民心工程，中毒事件的层出不穷，不得不引起相关部门的反思。究其原因主要有三点，一是利益因素，由于利润薄弱，企业只能靠牺牲质量、减少成本上的投入来保证利润；二是责任不明，没有形成管理体系，明确政府、企业以及学校职责划分，甚至不能排除相关部门与企业形成利益共同体，为企业暗中提供庇护；三是权利优越感，我们都知道"蛋奶工程"主要由政府提供资金支持，因此有些部门会把此当成一种优惠政策，缺乏监管的积极性和主动性，造成了一系列的安全乱象。

（3）专家建议调整采购方式

针对学生奶安全问题，专家建议学校可以通过发放优惠券，由学生自己到不同超市去选购他们认为合适的早餐奶，这样可以分散学生购买早餐奶的来源，防范出现类似群体性事件的发生。另外，集中采购方式量很大，权力过于集中，不适合分散权力管理，很可能会造成一些内幕交易或者利益输送。希望经过了这一件事后，中国监管部门能重视起食品安全保障，让老百姓们能更加放心国产食品。

案例 5　　上海福喜事件

一、案例简介

2014 年 7 月 20 日晚间，经上海电视台曝光，隶属于美国福喜集团（号称"世界上最大的肉类及蔬菜加工集团"）的上海福喜食品有限公司，使用大量的过期变质的肉类，作为食品加工的原料。

据福喜集团的官方网站的信息介绍，在中国具有数百间的大型连锁快餐企业包括必胜客、肯德基、麦当劳、德克士等品牌所采用的食品均由上海福喜食品有限公司供应。而根据上海市监管部门发布的消息，汉堡王、麦当劳、棒约翰、肯德基等 9 家快餐企业均采用了福喜集团所加工生产的食品。记者及有关人士爆料称福喜集团通过更改保质期标签甚至将已经过期的食品回锅重新加工等卑劣手段将食品重新供应到各大连锁快餐店。

二、案例回放

2014 年 7 月 20 日的上海电视台新闻中心官方微博称，上海福喜食品公司被曝光使用过期的变质肉加工食品。上海食药监管部门已要求上海所有使用了福喜食品公司加工品的快餐连锁店的问题产品全部下架，如肯德基、麦当劳等。

7 月 20 日晚间节目播出后，上海食药监管部门连夜突击检查福喜食品公司，在试图进入车间时一度被阻挠。上海食药监管部门表明已有部分文字证据被收集。

食药监和公安调查小组于 7 月 22 日约谈了福喜公司责任人，据称，其负责人表明，公司多年来关于过期原料的使用政策一直未变，并且"政策制定"是由公司的高层管理决定。

在调查不断加深中，福喜事件又产生了新的问题，据上海电视台记者暗查的线索表明，上海福喜食品公司除一般生产区外还存在一个特殊的仓库，负责把其他品牌产品转移到这个特殊仓库里，改头换面将其变成福喜自己的产品。

福喜全球主席兼首席执行官谢尔顿·拉文于 2014 年 7 月 28 日向上海市食药监管局给出了福喜公司总部对于中国上海福喜食品公司的整体改革办法，并表示公司将主动配合调查，严守中国法律，并承担全部的责任。

在 7 月 30 日，上海市食药监管局再次和福喜集团中负责中国运营的具体负责人、福喜全球高级副总裁兼亚太区总经理等约谈，要求福喜总部全面配合监管部门的调查，推进案件办理工作。

同时美国汉堡王在 7 月 30 日公开发布消息，该公司将停止在福喜集团中国子公司的所有原料采购。

该新闻曝出当晚，上海食药监部门立刻进厂调查，并要求上海所有肯德基、麦当劳问题产品全部下架。同晚，麦当劳以及肯德基、必胜客的母公司百胜中国紧急发出声明，其中麦当劳称，"第一时间通知全国所有餐厅，立即停用并封存由上海福喜提供的所有肉类食品"。

上海食药监等部门已对福喜公司下游产品展开追查、控制，已经约谈了 22 家福喜食品公司的下游食品流通企业。初步调查表明，麦当劳、汉堡王等连锁快餐企业及中外运普菲斯冷冻仓储有限公司等企业使用了福喜公司的加工品，现已查封有关产品，总数合计 100 吨左右。随后，被指涉事的多家企业陆续发声明，撇清与上海福喜或福喜集团的关系，其中，赛百味称从未将福喜集团作为肉类供应商；宜家则称自 2013 年 9 月起，上海福喜就已经不再为宜家提供任何食品原料。而肯德基、麦当劳、德克士、星巴克等则承认有关系，并表示全国餐厅将封存下架上海福喜的食品。

该事件曝光后，国家食品药品监督管理总局要求上海食药监部门对上海福喜立即采取控制措施，对企业的违法违规行为追根溯源。并要求各地食药监部门对欧喜投资（中国）有限公司（上海福喜投资方）在中国的其他食品生产企业开展调查；同时，各地食药监部门对使用上海福喜产品的餐饮企业进行突击检查。

7月20日，上海食药监要求所有问题产品紧急下架，媒体曝光后，上海市食安办副主任、市食药监局副局长顾振华当天晚间带队进行突击检查。顾振华当场作出肯德基、麦当劳立即下架福喜提供的所有食品的决定。

上海市公安局和食药监管局等联合组成的联合调查小组7月22日初步调查表明：福喜公司涉嫌实施有组织的违法生产经营。主要涉及的加工食品基本已确认，查明了5批有问题的产品，为利用过期变质原料加工的麦乐鸡、烟熏肉饼和小牛排等，合计5108箱。与此同时，全国各地食药监管部门都开始彻底清查福喜的相关产品。

上海市公安局食药犯罪侦查总队于7月23日已针对"福喜过期原料食品加工事件"进行了立案调查，警方已依法拘留了5名涉案人员。

三、经验与启示

（一）鼓励企业自身建立严格的自律制度，按照法律法规，层层把关落实

上海福喜事件曝光后，食品安全问题再一次被推上舆论的风口浪尖，为什么食品安全问题屡屡触痛消费者的心理，频频挑战消费者的承受底线，因为违法行为并不是罕见的个案，而是整个行业见不得光的"潜规则"，是受到"上面"指使的"命令"。上海市食药监管局副局长在福喜事件后，接受记者提问时表明，一些违法行为是公司有组织的安排，而非个人行为。对于这些过期食品的处理，福喜公司有一套完整的制度和记录，这些均与我们的国家法律相悖。上海福喜质量部经理也曾表明，公司多年来关于过期原料的

使用政策一贯如此，并且政策的操作执行至少得厂长以上的领导同意方能实行。

虽然福喜集团发布声明强调该事件是一起个体事件。但是更改日期、用剩食品原料掺回的做法在食品加工业已成"潜规则"，不只是外企，中国企业中也普遍存在。一些"黑心"食品企业为了最大限度地牟取暴利，降低成本，将不合格产品出售给消费者，整个企业"上下一心"，操作人员驾轻就熟。

有媒体梳理数据发现，过去的5年里在华洋快餐店已经曝出至少17起食品安全事件，其中有6起源于原料供应商。值得说明的是，根据媒体此前的报道，麦当劳有全球通用的产品质量要求规范，但是麦当劳和其相关供应商的一切商务合作，从不签订合同协议，而是以"握手"行为作为合作的标志。这种"有力"的"信任"关系不禁让我们惊叹，在一个法治如此健全的社会，在一个依法治国的国度，如此国际化的连锁企业竟然依然践行原始社会的"口头契约"。因此在该事件中，福喜和快餐企业两者的责任都不可推卸。对于福喜而言，身为全球重要的食品供应商，保证产品安全是其必须要尽到的责任，显然福喜公司并未做好自我约束和自我管理。而对于快餐企业，保证上游原材料质量安全与保证加工过程安全一样重要，显然快餐企业也存有较大过失。食品企业自身也需要监管，下游采购商应以动态考察等方式来约束供应商因经济利益而容易带来的风险。

众所周知，规范的餐饮企业对其相关的原料供货商的监察应当有相似的流程。首先，从生产、采购和品控三个部门确认供货商是否符合本公司的各方面要求。然后，要求原料供应商提供原材料样品和相关的检验证书，企业需要在执行自检合格之后，再通知其采购部门向供应商方面确认订单。此外，企业也会要求供货商在提供每批次产品时均需附带相关的检测报告，同样，企业会对供应商提供的产品进行随机的二次抽检。在这些"准入条件"下，一般来说，采购部门同时会对供货商的生产加工车间进行定期或不定期的巡查。当然，这也很难杜绝供货商有组织的"违规"行为。一般而言，生产都是在相对封闭车间内进行的，无关人员很难进入，当需求方的采购人员要求进入供货商的生产现场进行巡查时，需提前告知供货商以准备进入车间时需要相关物品等，如果供货商欲有意隐瞒其生产环节一些不规范的行为，里应外合拖延时间，违法行为也很难被发现。毕竟采购商不可能对供应商的生产环节进行 24 小时监控，供应链的安全更多要依赖供货商的自律。

（二）政府部门应加强监管，定期或不定期组织抽查反馈

外界监管主要是政府部门和媒体，尤其是政府部门不可因企业规模大、大品牌而放松监管，"国家免检"的头衔已经被取消，任何食品生产企业都要接受检验，同时不定时突击检查不可缺少。较为讽刺的是，2007 年上海福喜获得了所在区安监局等部门颁发的"安康杯"竞赛优胜单位称号。2014年还被评为"嘉定新城（马陆镇）食品安全生产先进单位（A 级）"。监管层更应当加强日常不定期监管、披露和严格执法、惩罚等，规范食品企业的行为，要做到"未雨绸缪"而不是"亡羊补牢"。媒体也应发挥作用真实反映情况，保护消费者。消费者也应擦亮眼睛，发现蛛丝马迹及时向媒体披露。

（三）严格执行《食品安全法》，不给违法企业留空子，最大限度保障消费者权益

上海福喜事件的发生让我们再一次深思和反省，食品安全事件近年来从未离开公众的视野，消费者的信心和耐心被不断挑战。在此次事件当中，有一个颇为值得注意和引人深思的地方就是，上海福喜公司使用大量过期原料生产肉类产品，然后将这些产品出售给肯德基、麦当劳、必胜客等诸多知名餐饮连锁，然而却能轻松地逃过监管部门和这些企业的"法眼"，钻了一个大"空子"。业内食品专家称，虽然使用过期肉类作为生产原料，并不意味着最终成品的检测指标一定会不合标。但是从法律上来讲，用过期原料生产

食品是法律不允许的。

福喜食品公司是比较成熟的企业，其企业标准、规定和制度也应是完备的，但在其实际操作上面的违法，极大程度上是经营方面的压力造成的。在"速成鸡"的浪潮以及中式快餐连锁的异军突起之下，近些年来国外的快餐在中国市场的增长情况并不如意，这迫使这些洋快餐品牌需要通过大量的宣传广告和促销等各种手段来刺激消费的增长，其销售压力传递到供货商就成为低价供应的博弈。在供应商的生产过程中，生产企业都会计量自己所加工产品的损耗率，如若采购商压低了供应商的供货价，供货商可能会通过降低损耗率指标的办法来平衡自身利润。所以即便是知道一些需要报废的原料是不能用来生产产品的，但上海福喜公司又重新使用了这些原料并生产成成品，很大程度上是为了平衡利润而降低损耗率。中国食品安全问题频发的背景是国内违法成本太低，国外的食品安全法律严格，一旦被发现存在违法行为可能会遭到巨额处罚，甚至倾家荡产，而在国内监管不完善的大环境下，福喜这种肉类领导者到了中国也是入乡随俗了，最终承受食品企业违法行为后果的，是广大消费者。

不过我们有理由相信，在依法治国的今天，我们的法律和治理体系正在不断完善，对食品的监管体制也日趋成熟，应急响应和综合治理也做得越来越到位，2015 年新出台的《食品安全法》就是一个良好的佐证。在市场规律调节下，个别食品企业会做出一些投机取巧的行为，因此市场监管不能放松，食品质检部门要把好质量关，同时食品企业也应自律，做良心企业才是经营之道，消费者也要积极参与监督举报食品安全问题，一旦发现违法行为必须曝光在公众视野之下，监管部门应公开执法程序，对违法企业给予严厉的处罚，才能保障国民的餐桌安全。这起事件或许不是食品安全问题的终结，但可以肯定的是，它的发生推动了我国针对食品安全事件应急响应与综合治理机制的发展，提高了大众对食品安全问题的敏锐度，我们有理由相信，在合理的管理机制下，我国的食品安全问题将会大大减少。

案例 6　西非埃博拉病毒疫情

一、案例简介

西非埃博拉病毒疫情是自 2014 年 2 月开始爆发于西非的大规模病毒疫情，数个援助机构及国际组织，包括美国疾病控制与预防中心、欧洲联盟委员会和西非国家经济共同体等单位参与疫情防控，另有无国界医生、红十字与红新月会、善普施等人道机构。

西非埃博拉病毒疫情爆发的感染及死亡人数都达到历史最高。截至

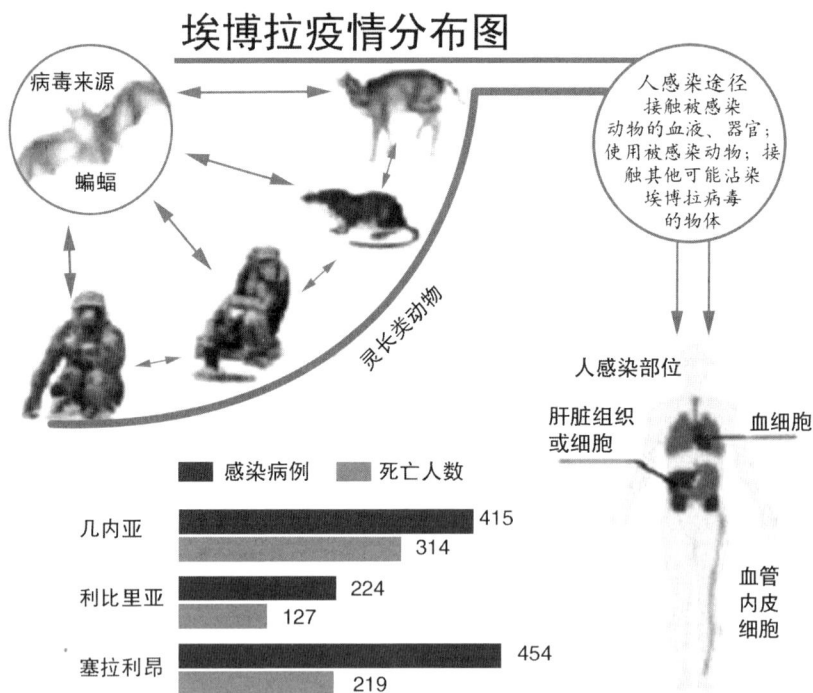

图 3—3　埃博拉病毒疫情分布图

（图片来源：世界卫生组织）

2014 年 12 月 17 日，世界卫生组织（WHO）发表数据显示埃博拉出血热疫情最严重的地区分别是利比里亚、塞拉利昂和几内亚等，这三个国家的感染病例（包括疑似病例）达 19031 人，其中 7373 人已经死亡。

二、案例回放

2014 年 2 月，埃博拉疫情在几内亚境内首次出现。

3 月 22 日，几内亚相关部门发布公告，埃博拉疫情已导致 80 人感染，死亡 59 人。

3 月 26 日，法国巴斯德研究所证实此病毒为扎伊尔型埃博拉病毒，最初报告确认为埃博拉病毒的新菌株，随后的研究者改称扎伊尔毒株的宗族。

4 月 4 日，几内亚卫生部发布最新报告，全国境内发现埃博拉病毒 143 例，死亡 86 人。邻国利比里亚也有 7 人死亡，其中 2 人确诊是埃博拉病毒感染者。

4 月 23 日，世界卫生组织报告疑似与确诊病例已达 242 例，其中死亡 142 人，这一数据表明埃博拉疫情致死率高达 58.7%。

6 月 27 日，世界卫生组织公开发布报告宣称，截至 6 月 26 日，几内亚、塞拉利昂和利比里亚三国累计埃博拉感染患者数达 625 人，其中 399 人死亡。

7 月 26 日，埃博拉病毒蔓延至尼日利亚，尼日利亚北部出现首例埃博拉病毒感染死亡病例。西非埃博拉病毒疫情呈加速蔓延之势，据各国公布的数据计算，目前各国累计已有 1323 例确诊或疑似病例，其中丧生人数已达 729 人。

8 月 15 日，世界卫生组织发布最新数据显示，截至 8 月 13 日，几内亚、尼日利亚、利比里亚、塞拉利昂四国一共有 2127 人确诊或疑似病例，1145 人不治身亡；并宣称此次疫情规模被"严重低估"，呼吁有关机构采取更多有效措施来控制疫情。

9月26日，世界卫生组织更新相关数据，截至9月23日，仅几内亚、塞拉利昂、利比里亚三国累计发现6574例埃博拉病毒确诊、疑似病例，目前已有3091人死亡。

9月30日，美国疾病控制和预防中心发布消息，美国得克萨斯州达拉斯市一位成年男性病患被确诊带有致命埃博拉病毒，这是美国本土发现的首例埃博拉感染病例，也是非洲以外确诊的第一例。

10月1日，世界卫生组织发布的埃博拉出血热应对路线图情况报告中显示，截至9月28日，几内亚、尼日利亚、利比里亚和塞拉利昂四国累计发现7177例埃博拉病毒确诊、疑似和可能感染病例，死亡人数攀升至3338人。

10月10日，世界卫生组织在日内瓦发布最新疫情报告，埃博拉病毒病造成的死亡人数已达4033人，确诊、可能和疑似病例达8399人。其中几内亚、利比里亚、塞拉利昂三国为重灾区，死亡病例为4024人；尼日利亚、塞内加尔表现为局部传播，西班牙和美国出现了散发病例。

10月13日，世界卫生组织公开发表声明，呼吁世界各国引起高度关注，埃博拉病毒的蔓延已经严重威胁到了许多国家的健康发展，并可能导致出现"垮掉的国家"。

10月17日，根据世界卫生组织公布的统计结果显示，截至10月14日，几内亚、尼日利亚、塞内加尔、塞拉利昂、利比里亚、西班牙、美国七国共有确诊、可能感染和疑似病例9216例，其中4555人死亡。

10月31日，世界卫生组织发表最新数据，自从埃博拉疫情爆发以来，总计共有13567人感染，死者总数达到4992人。

11月3日，"非洲治理促进会"（AGI）警告说，在塞拉利昂，埃博拉病例仍在"以惊人速度"迅速增加。在塞拉利昂农村，埃博拉病毒的蔓延速度比两个月以前快9倍。

11月7日，世界卫生组织公开发布报告宣称，在几内亚、塞拉利昂和利比里亚这三个疫情肆虐最严重的国家，确认、疑似或可能病例共有 13241 例。在这三个国家总共有 4950 人因感染埃博拉病毒死亡。

12 月 17 日，世界卫生组织更新相关数据，截至 12 月 16 日，疫情最为严重的几内亚、塞拉利昂、利比里亚三国累计发现 19031 例埃博拉病毒确诊、疑似病例，累计死亡人数已达 7373 人。

三、经验与启示

西非埃博拉疫情是进入 21 世纪以来，世界范围内影响最为恶劣的传染疾病，其影响范围以及死亡人数都是世界罕见的。在面对如此严重的国际性公共卫生事件时，各国采取了积极应对的合作方式是这次疫情得到控制的重要保障。各国在以世界卫生组织为领导的应急力量下，积极拨款救援，组织专家研究，合力采取有效封锁措施，使得疫情并没有在全世界范围内大面积爆发，发达国家及发展中国家在组织疫情扩散的过程中都不遗余力，严格执行疑似病例预警机制有效阻止了疫情扩散，为最终取得对埃博拉疫情控制奠定了坚实的基础。

（一）各国各组织积极响应，联动协作

在疫情发生的第一时间，西非各国高度重视，世界卫生组织积极响应，并采取有效措施介入各个疫情源发国的疫情控制工作中来。与此同时，世界各国也采取响应应对措施，在世界卫生组织的领导下，投入相应的人力物力，共同对抗埃博拉疫情，尤其是以中国为首的发展中国家更是大力支持西非各国的抗埃工作，投入的人员之多，资金之大在世界范围内都是有目共睹的。世界范围内各大医疗机构更是加快疫苗的研发工作，及时对病患进行有效的治疗，同时采取有效的措施阻止疫情的进一步扩大，最终形成了世界范围内一道坚不可摧的抗埃统一战线。

（二）各司其职，保证执行力

各个职能部门能够在突发事情发生时，严格按照预案及规章制度执行自身任务，听从组织调配。基层管理人员认真落实每一项工作任务，亲自走访调查执行，认真统计汇报，及时反馈伤亡（病例）人数，在国际范围内面对如此一场突如其来的疫情感染，世界卫生组织能将数据统计到如此精确，这无疑离不开各国各组织之间高效的工作执行力。与此同时以中国政府为例，在疫情的防控过程中开展了三项重大应对措施，分别是资金援助；专家科研；全国预防宣讲。这三项举措由不同的职能部门实施，在党中央、国务院的指挥下，各项措施有序开展，收益明显，这些都使得中国人民在这场抗埃疫情中没有产生大规模的人员伤亡；而且中国政府在这场国际性疫情抗击中发挥了巨大作用，并且得到了世界一致认可。

案 例 7　台湾地沟油事件

一、案例简介

台湾警方 2014 年 9 月 4 日通报，查获一起以"馊水油"（即地沟油）等回收废油混制食用油案件。案件经进一步查实，犯罪嫌疑人郭烈成用回收潲水油和皮脂油等经过进一步加工混制食用油（即地沟油），更为震惊的结果是，强冠公司则以低价收购这种地沟油并制成"全统香猪油"上市贩售。经台湾省食品药品监管单位查明，仅 2014 年 2 月至 8 月期间，强冠公司共出产劣质猪油 782 吨。

截至 2014 年 9 月 7 日，台湾食品药品检察署与各县市卫生局稽查食品工厂、夜市、摊贩、供饮场所等 5797 家次，累计出勤 1361 人次，已查明强冠公司提供的下游 235 家业者，出货问题油数量为 782 吨；下游厂商总计971 家，目前 645 吨问题油品流向已被查明，其中封存油品数量为 142.1 吨，制成问题产品共 136 项，下架封存回收数量为 216.4 吨。

二、案例回放

2014 年 9 月 4 日，台湾警方查获一起回收地沟油，并混制食用油的案件。

9 月 8 日，台湾桃园县卫生局追查地沟油产品流向时发现，彰化县上泓食品行被发现使用劣质"全统香猪油"制售"香蒜吐司"，"全统香猪油"即此次被曝光出使用劣质猪油作为原料的问题油，问题发现时，这批问题吐司已销售给 16 家台湾本地商贩以及 1 家大陆商贩。

台湾食品药品检察署随即针对强冠公司生产的全统香猪油出货名单进

图3—4 地下油厂现场图

（图片来源：台湾中时电子报）

行深入调查，发现2014年3月1日至8月31日的出货情况中，工研购入4611桶，数量最多，其次为金利华、信益、台益、油葱及味全。

除了强冠企业股份有限公司自身受到调查，其下游食品餐饮行业也受到波及，其中包括包括陆仕、忆霖、久芳等，此外购买全统香猪油客户涵盖统一超商、统一星巴克、爱面族、华元、联华等知名品牌，以及肯德基、摩斯汉堡等连锁快餐店。被强冠问题油波及的下游厂商已增加为971家，制成问题产品也增至136项。

9月14日晚间，香港食物环境卫生署食物安全中心公布，香港383家食肆饼店等下游商户，怀疑曾使用台湾"强冠"的问题猪油，多家大型连锁餐厅及著名老店纷纷"上榜"。这次台湾强冠地沟油事件爆发以来，首次被曝出大规模席卷香港商户。根据香港食物环境卫生署公布的名单，包括美心食品、大家乐、康年餐厅、王家沙、煌府、夏面馆和拉面店豚王等餐企在内的 383 家商户可能曾分销或使用有关"强冠"猪油。香港食物环境卫生署称，根据台湾当局最新通报，6 家香港公司从 2014 年 3 月开始，曾进口逾 500 吨怀疑有问题的强冠猪油，或猪油制品，再分销到逾 300 家商户。

台湾食品药品检察署宣布，将认真调查事件，在搜集更多证据后，相关问题企业及责任人将以掺伪假冒罪名送至法庭，相关责任人可处最高 5 年刑期并罚 800 万元新台币（约合 164 万元人民币），涉案公司则以 10 倍罚款，最高可处 8800 万元新台币（约合 1800 万元人民币）的罚金。这也将是台湾"食管法"首次动用 10 倍罚金的个案。

9 月，"食药署"表示，自 8 日零时起，如果在架上查获"全统香猪油"或"合将香猪油"违规产品，或者业者持续使用这些违规油品制造相关产品，将裁处 6 万到 5000 万元新台币的罚款。

10 月 3 日，台湾地沟油案，屏东地检署侦结，郭烈成及强冠公司董事长叶文祥等 8 人，被依违反"食品安全卫生管理法"提起公诉。

三、经验与启示

地沟油，泛指在生活中存在的各类劣质油，如回收的食用油、反复使用的炸油等，最大来源为城市大型饭店下水道的隔油池。长期食用会破坏人们的白血球和消化道黏膜，引起食物中毒，甚至致癌的严重后果，对人体的危害极大。近年来，许多不法商家为了谋求利益，大肆收购各类馊水油，加工混制地沟油，这些地沟油不仅侵害了消费者的权益，更是对广大人群的健康产生巨大威胁。国务院对此高度重视，卫生、工商、质检等部门都大力开展相关查处措施。

（一）不定时开展抽查工作，加大打击力度

质监部门作为食品安全监控防治的主要工作部门要加大监管力度，不能

等到食品安全事件发生后再进行抽查整改，要防患于未然，要不定时开展抽查工作，突击检查各类食品药品，确保人民群众的人身安全。其次，工作要落实，要将部门执行力发挥到极致，不能只在"3·15"当天开展宣传打击假冒伪劣的工作，要把每个日常作为工作的重点，使抽查变成日常，使日常工作变为关键性打击手段，不让制假分子有可乘之机。

（二）扩大工作范围，加大食安宣传力度

在互联网快速发展的今天，政府职能部门也要将互联网应用到工作中来，面对网购日益频繁的今天，食品药品安全不再仅仅是现实生活所关注的问题；网络制假贩假更是我们要大力打击的重点，许多劣质产品无法在现实中流通，只能通过网络渠道危害人民的身体健康，作为新时代的管理部门，要加大对互联网交易的监督工作。同时，在这次台湾地沟油事件中暴露出类似康师傅、肯德基等品牌，更是说明了大品牌大厂家也可能存在食品安全问题，因此我们的抽查检验不能按照以往的惯例，要面面俱到，仔细排查，坚决不能出现一丝疏漏。最后在日常工作中要加大对食品药品卫生安全的宣传工作，让人人成为社会的明眼，食品药品卫生安全是社会公治的主要对象，人人在享受食品安全收益的同时也要做严格的监督者，积极反映社会不良的安全卫生事件，企业在社会食品药品安全治理中更是要担负起社会责任，要做食品药品质量保证的第一人。

案 例 8　复旦投毒案事件

一、案例简介

复旦投毒案是指 2013 年 4 月上海复旦大学上海医学院研究生黄洋遭他人投毒后死亡的案件。黄洋舍友林森浩为犯罪嫌疑人，N—二甲基亚硝胺为所投毒品。2014 年 2 月 18 日，上海市第二中级人民法院作出一审判决，林森浩因故意杀人罪被判死刑并剥夺其政治权利终身。2015 年 1 月 8 日，上海市高级人民法院作出终审判决，维持原判。2015 年 12 月 11 日，林森浩因故意杀人罪被依法执行死刑。

图 3—5　复旦投毒案判决

（图片来源：新华网）

二、案例回放

黄洋、林森浩均为复旦大学上海医学院 2010 级硕士研究生但专业不同。

2010 年 8 月林森浩入住 421 宿舍，一年后黄洋也入住该室。后来。因琐事林森浩不满黄洋并心生恨意。

2013 年 3 月 31 日下午，林森浩将剧毒化学品 N-二甲基亚硝胺原液投入该室饮水机内。

4 月 1 日 9 时左右，黄洋饮用该饮水机内水后便呕吐不止，当天中午就诊于中山医院。

4 月 3 日下午，黄洋病情趋重，转至该院重症监护室救治。

4 月 11 日，上海警方接复旦大学保卫处报案后立即组织专案组开展侦查。公安人员调查情况时林森浩并未说实情。

4 月 12 日零时左右，警方确定林森浩作案嫌疑且传唤后，林森浩阐述了投毒的事情经过并被刑事拘留。

4 月 16 日下午 3 点 23 分，黄洋抢救无效去世。法医鉴定黄洋死亡原因为 N-二甲基亚硝胺中毒致急性肝坏死，从而引起急性肝功能衰竭，继发多器官功能衰竭死亡。

4 月 19 日下午，林森浩被上海警方依法逮捕。

4 月 25 日，林森浩被依法逮捕获黄浦区检察院批准。

5 月 5 日，受害者黄洋的父母亲笔写信给复旦大学原校长杨玉良，认为学校互相推诿责任。

6 月 26 日，林森浩接受上海市公安局文化保卫分局检查，结果为精神不存在异常。

10 月 30 日，上海市第二中级人民法院声明市检察院二分院已正式受理对林某的公诉，公诉方认为林森浩故意投毒杀人。

11 月 27 日上午 9 时 30 分，上海市第二中级人民法院开庭审理该案件。下午 6 时 15 分庭审结束，上海市第二中级人民法院宣布择日宣判此案。

2014 年 2 月 18 日，上海市第二中级人民法院对该案件一审，法庭宣判林森浩获死刑并剥夺政治权利终身。

2 月 25 日，唐志坚作为林森浩的律师受其委托正式上诉法庭。

1 月 8 日上午，上海市高级人民法院宣布林森浩投毒案二审维持原判；法院不认可辩方的辩护意见，提出林森浩残忍的杀人手段造成了严重的后果，即便之后供认不讳，也不能从轻处置；因故意杀人罪被判死刑。由刑事诉讼法的相关规定，依法报请最高人民法院来对林森浩的死刑判决进行核准。

2015 年 5 月 26 日，林森浩辩护人申请二审判决复核，最高人民法院听取意见。林森浩辩护人认为判处林森浩死刑的量刑过重，法官表示会依法审理。

7 月 31 日下午，林森浩的父亲林尊耀和谢通祥律师第二次来到最高法刑事审判庭第三庭，这一次林尊耀向最高提交了《请求最高法院不核准并撤销林森浩死刑意见书（一）》以及 11 份和案件有关的申请。

12 月 9 日，"复旦投毒案"出现新进展，林森浩的死刑复核已出结果，最高法已下发核准林森浩死刑的裁定书。

12 月 11 日，林森浩被依法处以死刑。上海市第二中级人民法院按照法律规定让林森浩与其亲属在行刑前会见。下午，上海市第二中级人民法院根据最高人民法院院长签发的命令，对林森浩处以死刑。

三、经验与启示

复旦投毒案的发生引发了一系列的思考，不管是从学生心理健康还是学校教育管理方面都应引起关注，主要从以下三个方面来分析。

（一）有序管理大学环境

上海公安公报证实林某投毒所用毒品 N-二甲基亚硝胺为来自学校的实验剩余药品，《长江日报》也报道出在复旦大学内部会议上讨论过学校实验室曾丢失过两次该药品，分别是半年前和不久前。按理说，不管是医院还是高校实验室，对于剧毒化学品都有其相应的保管制度，一般人是不能获取并带离保管室的。但复旦大学竟多次丢失剧毒药品，很显然，在药品管理上出现了问题，该担此责。因此，相关机构要健全管理制度，对危险物品做好监管工作。

大学也是社会的一部分，人员机构复杂。若想避免犯罪事件，学校相关管理机构应该实施科学有序的管理。要改进校规校纪，加大班级宿舍管理力度，减少各类纠纷事件。同时，要完善管理系统，提高管理人员素质和水平。另外，要关注高校学生的生活环境及生活质量，尽量避免此类案件。

（二）关注学生心理健康

心理素质教育不能忽视。黄洋和林森浩在学业上都出类拔萃，但一个家境殷实一个家境贫寒，形成的性格也是迥异，从而影响双方的言行举止，容易产生误会或矛盾。家长和学校过度重视学业成绩而忽视心理教育、就业压力大、学校教育中缺少对大学生心理教育的引导等都是容易影响学生的心理健康。心理素质教育应充斥着我们整个学生阶段，家庭的关心和学校的重视共同促使学生以正确和积极的心态去面对和处理矛盾，避免高智商的孩子犯低级的错误。

高校里成绩竞争以及人际交往都容易造成学生的心理问题，而且大多数学生在自己出现心理疾病时并不能及时意识到，更别提主动参与心理咨询解决问题了。对个人而言，一旦心中出现郁闷、焦虑等症状要做到及时倾吐，或通过学校心理咨询中心倾听专家的意见，尽早发现问题，并将问题消灭在萌芽状态。一些性格孤僻内向的学生应加强人际交往，建立心理支持网络，受挫时找人倾诉，以释放怨恨与不满，避免怨恨蓄积。

（三）提高教育管理水平

要结合大学生的心理特点以及具体情况，在刚入学时就有针对性地做好全面的心理素质教育工作，让刚进入复杂的环境的大学生能够根据心理教育内容合理调节自身心理波动，在学习竞争、人际交往等方面保持健康的心态。

适应学校后仍然要重视心理教育，此时应更注重品德教育，充分发掘充满正能量的典型人物，并对典型人物进行宣传，让学生以此作为榜样，培养其积极乐观。助人为乐的优秀品质。

积极宣传法制教育，进来高素质群体犯罪现象屡见不鲜，也让我们认识到大学生群体对于法律权威性的漠视。高校作为高素质机构，理应完善规章制度，加大法制教育的宣传力度，让每位学生知法懂法不犯法。

第四章　社会安全应急管理

美国"9·11"恐怖袭击事件

一、案例简介

美国"9·11"恐怖袭击事件，发生在 2001 年 9 月 11 日，两架民航客机在被恐怖分子劫持之后，分别撞向位于美国纽约的世界贸易中心一号楼和二号楼，两座大楼在遭到强烈撞击后坍塌，世界贸易中心的另外 5 座建筑物也因受到冲击而受损；上午 9 时许，坐落于美国华盛顿的国防部五角大楼被另外一架由恐怖分子劫持的客机撞击，导致五角大楼部分结构损坏并损毁。

"9·11"恐怖袭击事件是美国本土受到最严重的一次恐怖袭击事件，遇难者人数高达 2996 名。根据联合国发表的报告，这次的恐怖袭击对美国造成的经济损失有 2000 亿美

图4—1　美国"9·11"恐怖袭击事件中双子大楼被撞场景
（图片来源：新华网）

元，约占美国当年国民生产总值的 2%，间接导致全球经济损害约 1 万亿美元。

二、案例回放

2001 年 9 月 11 日，美国遭受了截至目前人类历史上的最严重恐怖袭击。位于纽约的世贸中心以及华盛顿的国防部五角大楼都遭到由恐怖主义分子劫持的波音 767、757 飞机的强烈冲撞，直接引起世贸双塔的倒塌和五角大楼的部分损毁。美国"9·11"恐怖袭击事件被美国称为第二次的"珍珠港事件"。

在此次恐怖袭击中的 19 名劫机者中，飞行员占 7 名，其余人也在各个地方学习过飞行技术。有 13 名劫机者在 2001 年 4 月 23 日—6 月 29 日间抵达美国。到达之后，他们被安排潜伏在美国各个地方，一般都住在偏远郊区，还都采用了英文化名。在之后的一段时间中，他们的活动范围集中在 8 个州。劫机者以很高的价格买到汽车驾照，开设银行账户，在网上购买机票，并且采用现金付账，以免被跟踪。

恐怖分子劫持的第一架飞机是美国航空公司的 11 次航班，于上午 8 时 46 分 40 秒以 490 英里左右的时速撞向世界贸易中心一号楼（也称"北塔"），受撞击的位置为大楼北方 94 至 98 层之间，直接导致飞机上的全部人员和楼内部分人员立即死亡。9 时 3 分 11 秒，美国联合航空公司第 175 次航班撞向世界贸易中心二号楼（也称"南塔"），致使机上全部人员和塔内若干人员立即死亡。9 时 37 分 46 秒，美国联合航空公司第 77 次航班以每小时 530 英里的速度坠毁在美国国防部五角大楼，直接致使飞机上全部人员及楼内大量工作人员死亡。

图 4—2　美国联合航空公司第 77 次航班坠毁在美国国防部五角大楼

（图片来源：美国国家地理杂志）

三、经验与启示

（一）加强城市应急管理领导机构建设

建立健全由政府领导、相关部门参与、各级政府负责、社会组织和人民群众积极参与的应急管理体制。然而市级应急办作为应急办事机构其运行过程中存在一些不足：行政级别较低，不利于应急工作的指挥调度；办公室人员编制较少，应急管理任务的承载力量薄弱；应急办实际承担了应急值守、信息报送和综合协调职能，但是，相关法律法规中并没有明确其指挥协调职责和权限。因此，在处理突发事件的过程中频繁出现沟通不畅、协调不力、调动难、指挥受阻等问题。一旦发生特重大事故，最佳处置时机极易丧失，致使国家和人民的生命财产损失惨重。因此，以法规形式明确应急办协调指挥职能的权限，提升应急办的行政级别，适当增加应急机构人员编制，降低主管领导的流动性，使应急办协调指挥能力得到全面提升成为当前最为迫切的任务。

（二）强化完善城市应急管理联动指挥机制

为了解决应急主管部门在处理突发事件时遇到的沟通不畅、协调不顺、调动难、指挥不力、应急联动效率低下等问题，打破"条块分割、各自为战"的应急管理格局，实现信息资源的高度共享和深度应用，提高政府统一指挥、整体应对、协同作战的处理效率，形成政府统一指挥、社会积极参与、各部门协调运转的应急联动管理机制，首先，应在市级应急管理委员会统一领导下建立城市应急联动指挥中心。其次，应适当提高指挥中心的行政级别，下设指挥调度、应急处置、信息综合、联动管理、技术保障等职能部门，工作人员由公安、安监、城管、人防、民政、交通、卫生、教育、环保、气象、水务、供电、供排水、燃气等单位派员进驻组成，各级政府均参与联动。该机构应设在公安机关办公楼，办公楼设置联动指挥大厅，厅内设置突发事件实时监测大型电子显示屏和其他监控指挥设备，设置政府各部门、各区、县（市）应急信息联络办公窗口。此外，公安机关的网络基础设施的软硬件设备齐全，减少了资源的重复利用，从而极大地降低了组建中心的物质成本。

（三）强化完善应急日常管理机制。

各地应急管理中的突出问题主要有应对突发事件反应迟钝、预案陈旧、演练缺乏真实性、信息传递受阻、管理方式和制度有待加强等。针对这些问题，应急主管部门应该集中时间和精力进行整改，力争用最短的时间形成最健全的应急日常管理机制，从而实现统一指挥、反应灵敏、功能齐全、协调有序、运转高效的目的。

（四）积极开展定期应急演练

应急演练是指在事前假设的条件下，在应急指挥体系中不同作用的组成部门、单位的人员针对虚拟的事故，实施真实突发事件发生时各自职务的演练活动，也就是一种针对虚拟突发事件的应对演练。大量实践经验可以证明，应急演练在突发事件爆发时能有效减少财产损失和人员伤亡。因此，积极开展定期应急演练是十分必要的，其意义在于。

（1）加强面对突发事件的风险意识

通过开展应急演练，模拟突发事件及其应急处置过程可以给参与者以更加深刻的印象，对突发事件在直观上有清楚的认识，增强对突发事件风险源的敏感性，有助于大众在突发事件发生之前就可以增强应急意识，积极了解应急知识，掌握突发事件处置技能，提高自救、互救水平，保障自身的生命财产安全。

（2）检验应急预案的可操作性

应急演练可以检验应急预案中的可操作性并找出预案需要健全和修改的地方；验证应急预案的整体以及关键性局部的实施有效性；检验应急工作机制是否完善，各部门之间的协调配合性等。

（3）提高突发事件的应急反应水平

应急演练是检验、提高和评价应急能力的重要手段，通过亲身体验的应急演练，可以提高应急管理体系中各级领导在应对突发事件的判断分析、决策指挥和组织协调能力；有助于救援人员了解突发事件发生情景，提高应急水平和实战技能，有助于增强各个应急机构的合作与沟通；可以让公众学会在突发事件中保持良好的心理状态，减少恐惧感，配合政府和部门共同应对突发事件，从而使得整个社会的应急反应能力得到提高。

案例 2 美国巴尔的摩骚乱事件

一、案例简介

2015 年 4 月 27 日，在美国马里兰州巴尔的摩的一个教堂，人们为黑人青年弗雷迪·格雷举行了葬礼。当天，激动的巴尔的摩民众聚集在巴尔的摩北部地区举行了示威活动，随后，示威活动演变成为暴力活动。示威者焚烧警车，暴力对抗警员。还有一些暴徒趁乱洗劫商店超市，甚至焚烧建筑物。此次事件共造成 15 名警员受伤，在国际社会引起极大的关注。

图 4—3 现场骚乱情景

（图片来源：新华网）

二、案例回放

2015 年 4 月 12 日，在西巴尔的摩地区，警方盘问 25 岁黑人青年弗雷迪·格雷，他试图逃跑时被警方控制，黑人青年被搜出一把随身折叠刀，警方随即将其逮捕。

4 月 19 日，该青年男子在当地一家医院死亡，死因是脊椎严重受伤。

4 月 27 日，巴尔的摩民众为弗雷迪·格雷举行葬礼，随后，示威活动逐渐升级，演变成为暴力活动。示威者砸坏车辆、袭击警察，并在多处纵火。警方则以催泪瓦斯驱散示威人群。骚乱中，至少 15 名警察受伤。

4 月 28 日，巴尔的摩学校全部停课，部分地区公共交通停运，巴尔的摩市长斯蒂芬妮宣布，4 月 28 日从晚上 22 时开始实施为期一周的宵禁。巴尔的摩所在的马里兰州州长霍根也宣布马里兰州进入紧急状态，并调动当地国民警卫队 5000 人协助维持治安。

4 月 29 日，巴尔的摩当地骚乱基本平息。

4 月 29 日，"格雷案"的影响并未平息，纽约民众声援巴尔的摩抗议活动。美国纽约市民众 29 日举行示威游行，声援巴尔的摩示威活动，抗议警察暴力执法。

5 月 1 日，巴尔的摩非裔青年弗雷迪·格雷之死被法医裁定为"他杀"。美国巴尔的摩市首席检察官宣布，对逮捕弗雷迪·格雷的 6 名警察提出刑事指控。

5 月 3 日，巴尔的摩提前宵禁，治安形势好转。

2016 年 7 月 28 日，巴尔的摩"格雷案"全部涉事警察被判无罪。

三、经验与启示

美国黑人经历了奴隶制、种族隔离制度和 20 世纪 60 年代的民权运动等几个重要的历史阶段，在美国的地位有了翻天覆地的改变，然而种族歧视问题在美国依然很严重，即便在民权运动之后，因种族歧视而引发的美国大规模的黑人骚乱就有：（1）1967年的美国底特律大暴乱；（2）1968年由于马丁·路德·金遇刺而引发的全美骚乱；（3）1992年洛杉矶大骚乱；（4）2001年辛辛那提骚乱；（5）2013年桑福德骚乱；（6）2014年弗格森骚乱。

本次巴尔的摩骚乱引发了国际上的极大关注，其被称为马丁·路德·金遇刺之后最严重的骚乱。本次骚乱之所以规模如此之大，既有种族歧视这个根本原因，又有着其独特的原因：（1）巴尔的摩的犯罪率位列美国前三甲，巴尔的摩是座治安极差的城市；（2）巴尔的摩是座老工业城市，黑人占当地居民总数的55%，黑人数量占绝对优势；（3）巴尔的摩近年来经济不景气、失业率居高不下；（4）巴尔的摩治安状况恶化，警民对立情绪严重。

美国历次黑人骚乱可以为我们思考中国的民族问题提供几个启示。

（一）坚持我国的民族原则不动摇

我们必须坚持民族平等的原则不动摇，坚持各民族地位平等，不论是汉族或者其他少数民族，都不应该享有特殊权利。同时，我们应该警惕"大汉族主义"以及极少数极端宗教思想而滋生的"狭隘民族主义"。从美国的历史经验来看，种族隔离政策不仅不利于各民族间交融，更不会促进民族团结。在美国的"民权运动"中，他们率先废除了学校的种族隔离和公共场合的种族隔离，为各民族争取了平等交流和学习的平台。目前，我国的教育也需借鉴这个思路，为少数民族学生和汉族学生合校、合班提供条件。此外，少数民族学生掌握好汉语是其个体在中国社会发展的必备生存技能，对于身处自治区的汉族学生来讲，学习并掌握好少数民族语言，不仅有利于个体的发展，更有助于促进民族间交流。

（二）对待少数民族的政策可根据实际情况作出适当调整

美国的族群优惠政策（如"肯定性行动"）在废除种族隔离制度之后的一定时期内，产生了积极的社会效应，然而，随着经历者们的老去，人口更迭完成，未经历过变革的年轻群体们势必会对种族优惠政策提出质疑，从而引发"逆向歧视"。而部分本来同情黑人遭遇的族群，也会因此而改变立场，这显然不利于不同种族之间的交流。目前，美国各州正在根据地方情况，调整特殊族群的优惠政策，以使得新政策更加适应新形势。多年来，我国在包括计划生育、大学教育等领域对少数民族有所照顾，在最初实行时，这些政策获得了主流社会的普遍支持，但政策实施几十年后，人口"新陈代谢"同样引起了年青一代开始产生"逆向歧视"。

（三）审慎推进社会福利政策

美国的高福利并没有本质解决底层黑人的贫困问题，随"高福利"而来的是"高懒惰"和"高依赖"。而一旦人们对于福利政策习以为常，任何针对独立政策做出的改革或调整，都会引发底层人群的抵触情绪，甚至形成社会动荡。

随着我国经济的腾飞，中央政府已经有能力提升自治区的社会福利，但是，通过研究美国自20世纪60年代以来福利政策所带来的消极影响。我们必须考虑到这样一个问题，即我国是否会出现像美国一样的底层少数民族对福利的高度依赖，以及资金使用上的纰漏恐将导致不良的社会后果。

案例3 巴黎恐怖袭击事件

一、案例简介

2015 年 11 月 13 日晚，在法国巴黎市发生一系列恐怖袭击事件，袭击事件始于欧洲中部时间 11 月 13 日 21 时 20 分，3 名自杀式炸弹袭击者袭击了位于圣但尼的法兰西体育场附近，随后巴黎的咖啡馆、餐馆及音乐场所发生自杀式炸弹袭击和大规模枪击。袭击事件共造成来自 26 个国家的 127 人当场遇难，3 人到院后不治，近 100 人重伤，368 人受伤。中国外交部 11 月 19 日，确认中国公民樊京辉被杀害。在此次袭击事件中，巴塔克兰剧院死

图4—4 巴黎市区发生袭击的七个地点

（图片来源：法新社）

伤惨重，观众被恐怖分子挟持为人质，造成 89 人死亡。另外案发当时有 7 名袭击者拒捕并以炸弹自杀，法国政府随后继续开展追查帮凶的行动。世界各国纷纷谴责恐怖袭击，向法国和法国人民表示支持和慰问。2015 年 11 月 16 日，法国总统奥朗德在法国国会召开特别会议，并将设立 3 天的哀悼日。

恐怖组织"伊斯兰国"（IS）宣布对此事件负责，并称这是为了报复法国在叙利亚和伊拉克对 IS 目标的空袭。法国总统奥朗德称这次袭击系 IS 组织策划于叙利亚、组织于比利时并与其法国同谋实施的战争行为。

二、案例回放

2015 年 11 月 13 日 21 点 20 分，法兰西体育场附近第一次爆炸；

11 月 13 日 21 点 25 分，比夏街枪击；

11 月 13 日 21 点 29 分，共和国大街枪击；

11 月 13 日 21 点 30 分，法兰西体育场附近第二次爆炸；

11 月 13 日 21 点 38 分，夏尔诺街枪击；

11 月 13 日 21 点 43 分，伏尔泰街 253 号爆炸；

11 月 13 日 21 点 49 分，巴塔克兰剧院枪击，接着爆炸；

11 月 13 日 21 点 53 分，法兰西体育场附近第三次爆炸；

11 月 13 日 22 点，博马歇街枪击。

此次事件恐怖分子组织有序、规模庞大，巴黎市中心一共有三处地点被袭击，分别是由南往北的法兰西体育场、第 11 区的柬埔寨餐馆和巴塔克兰音乐厅。

当晚位于巴黎北郊圣丹尼的法兰西体育场（Stade de France）附近共发生了 3 次自杀式炸弹袭击，分别发生于 21：20、21：30 和 21：53，导致包括 3 名袭击者在内的 4 人死亡。当时体育场正在举行法国与德国之间的足球友谊赛，奥朗德总统也在场看球。赛事进行中，体育场附近发生 3 次爆炸，奥朗德立刻在护卫下离开，观众也聚集到了球场上。场内八万名观众中，有一千二百名是在同年 3 月德国之翼航空 9525 号班机空难的法国和德国志愿搜救人员，他们获得德国之翼的母公司汉莎航空邀请至此观赛。

巴黎 11 区据枪击案现场的目击者称，恐怖分子在开枪前高喊了"真主伟大"，随后开枪。第一宗枪击发生时约 21：20，发生于毕查街和阿里伯特街交界、邻近圣马丁运河的区域。枪手首先向阿里伯特街著名酒吧"乐钟琴"（Le Carillon）外的人群射击，然后转向毕查街，向餐馆"小柬埔寨"（Le Petit Cambodge）里的人开枪，随后驾驶一两辆车逃离。

目击者证实，巴塔克兰音乐厅剧场内一名恐怖分子高喊："所有这一切都是你们总统的错"。当时来自美国加州的摇滚乐团"死亡金属之鹰"（Eagles of Death Metal）正在该地演出，场下约有 1500 名观众。演唱会大约进行了一小时后，四名配有 AK47 突击步枪的黑衣男子冲入会场。目击者听见一名枪手用阿拉伯文大喊"真主至大"，接着便有条不紊地朝着群众开火。一名目击者表示，他看见一位武装男子进入巴塔克兰剧院，并有二或三位未蒙面男子向群众扫射。这起攻击事件持续了约 20 分钟，更有目击者表示，攻击者向人群丢掷手榴弹。曾参与这场演唱会的电台记者朱利安·皮尔斯（Julien Pearce）向 CNN 描述，这些恐怖分子相当冷静且坚决，并重新填装了三至四次弹药。有 100 人在巴塔克兰音乐厅被劫为人质。巴塔克兰音乐厅内最少有 120 人死亡，为本次恐袭伤亡最惨重的地点。恐怖分子已经没想要谈判，赤裸裸地开始了一场针对平民的屠杀，整个剧院被"血洗"。

警方立即追捕恐怖分子嫌疑人，现场可以看到天空中有直升机在盘旋。约 1500 名军人、200 名警察及 800 名高速交警被派到了巴黎各个街道上以进行戒备；约 150 名郊区警力正在高速公路及收费站维持秩序。

三、经验与启示

法国总统奥朗德在 11 月 14 日声称此次袭击是由境外势力策划，并且得到了"伊斯兰国"的帮助。巴黎公诉人弗朗索瓦·莫兰确认了 8 名已知袭击者已经身亡。当局仍在追捕餐馆射击的行凶者。"伊斯兰国"在 11 月 14 日早晨发布声明称对袭击负责，声明中赞扬"八兄弟"造成至少 200 人死亡的屠杀事件，同时称"这只是风暴的开端"。

（一）严峻的反恐形势

美国智库兰德公司国际安全与国防政策中心副主任屈维斯接受专访表示，巴黎恐攻其实并不是 IS 单纯鲁莽的报复反击，其实背后有理性分析的庞大战略规划，首先战略层面上目前国际中东反恐局面还是美国领头带领其他追随国家，而美国因诸多利益考量、民间厌战和选举逼近等因素并未下决心用全军力剿灭，所以迟未派出地面军，若是直接攻击美国反而像珍珠港事变般有可能促使美国下决心。这是 IS 不愿看到的，所以选择追随国下手，意图让追随国民众和政府重新思考自己跟随美国的成本和利益，进而瓦解松动反恐联盟。而追随国中法国算是比较积极又大型的国家，而且以往对于中东政策不少民众和美国就有不同立场，有先天的嫌隙存在。由于多种原因，国际恐怖主义已向世界扩散，欧洲成为恐怖袭击的重点目标。"伊斯兰国"恐怖组织异军突起，其极端恐怖行径引起世界共愤。国际恐怖主义已是世界公敌，国际联合反恐已成各国共识。目前，各国已采取联合反恐行动，但要根除恐怖主义仍任重道远。

（二）松散的边境管理

根据法国国会 2015 年 4 月发布的调查报告显示，从叙利亚和伊拉克地区回流民众的大致有 1500 人，相较以往而言，人口数量大幅度增长，在一年之内增长将近 80%。大量来自战场的难民潮涌入法国等欧洲国家；短时间内流动人口急剧增加，并且大部分的新增人口都是没有相关资料可以进行审查的国外难民人口，这使得法国的安全工作几乎瘫痪。虽然法国也意识到了这个问题，并且一直在扩建安全力量，但由于嫌疑人员涌入的速度实在过快，安全隐患并没有得到有效的控制。法国因历史因素有近 500 万以上的本土穆斯林，加上难民危机后涌入的人数，这些人长期受压在社会底层被歧视且贫困，不满情绪较高容易招募到恐攻人员，同时此次攻击后如果能挑起法国内部白人对穆斯林的族群仇恨，是 IS 最大的利益，因为穆斯林族群被仇恨后激进分子将会更多，也就有更多能招募的人员，而这些人都持有法国欧盟护照可以任意流动。这也是许多战略家所担心的发展。尤其是和美国相比，法国国内的安保工作一直较为松懈，使得恐怖分子这才有机会发动恐怖袭击。

（三）情报、安全和反恐力量配备不足

令人遗憾的是，此次袭击事件中多位恐怖分子事先已经引起了法国警方的注意，部分人员已经进入了警方的监控名单当中，实际上参与袭击《查理》周刊的库阿奇兄弟，属于在法国安全部门挂了号的危险分子，但一直没有遭受到严格的监视和控制，导致错过了提前意识到此次危机并进行预警处理的机会。法国无法有力地监管涌入的难民中是否有人暗中筹谋和组织恐怖袭击活动，并且难以统计到底有多少恐怖分子以难民的身份涌入了法国。另外一个方面在于，恐怖分子的战略正在发生重要变化，法国总统奥朗德声称，"伊斯兰国"实际上是在通过大规模恐怖手段发动一场"战争"。既然是战争，靠简单加大反恐举措根本不可能轻易解决危机。可以预见，这场由欧洲人定义的"反恐战争"将是一场旷日持久的消耗战，甚至可能成为一种全球性的冲突。据报道，有近 2000 名法国人已成为"圣战者"，而欧洲境内则有 5000 多人伺机发动袭击。必须要从政治外交和大战略的层面进行深刻反思。

案例 4　上海外滩踩踏事件

一、案例简介

上海外滩踩踏事件，发生在 2014 年 12 月 31 日的晚上 23 时 35 分，很多游客市民在上海外滩进行跨年夜活动以迎接新年的到来，黄浦江观景平台和陈毅广场东南角连接处的人行通道阶梯处底部有人失衡跌倒，从而引起人群摔倒、叠压，导致拥挤踩踏事故的发生，造成 36 人死亡，49 人受伤。

图 4—5　上海外滩踩踏现场图

（图片来源：中新网）

二、案例回放

（一）事件发生经过

2014 年 12 月 31 日夜间 22 时 37 分，观景人群冲破了位于陈毅广场东南角北侧与黄浦江观景平台连接处人行通道阶梯处的单向通行警戒带，虽然受到了值班民警的全力阻拦，但仍有大量涌上了黄浦江观景平台。1个小时之后，观景平台上下行的人流在阶梯中间对冲后僵持住了，随即产生了人群的"浪涌"现象。2分钟之后，僵持向下的人流压力突增，造成阶梯底部的人失去平衡而跌倒，从而造成人群摔倒、叠压，最终导致了拥挤踩踏事件的发生。

（二）现场救援情况

拥挤踩踏事故发生以后，维持现场秩序的民警尝试着与其他群众共同将摔倒人员拉出，但由于阶梯上方人流仍然在压迫下方摔倒人员，他们的尝试终告失败。这之后，在他人帮助下阶梯处多位群众翻越阶梯扶手，阶梯上方人流才可以在民警和热心人的安排下逐渐后退，民警和群众开始将受到拥挤踩踏的人员转移至平地进行紧急救助。许多群众自觉用身体组成人墙，开辟出一条宽三米的紧急通道，其中的医护人员都自发对受伤群众进行抢救，并有群众拨打上海"120"紧急求救电话联系急救中心请求救援。8分钟之后，19辆救护车陆续赶到陈毅广场，率先展开现场抢救和伤员转移。上海市公安局及黄浦公安分局收到消息后紧急开辟急救通道，调集车辆就近转移受伤群众至上海市第一人民医院、长征医院、瑞金医院和黄浦区中心医院抢救并迅速组织力量采集伤亡人员信息，及时联络伤亡人员所在单位及其家属。

（三）事发后应急处置与善后情况

拥挤踩踏事故发生之后，上海市委市政府主要领导火速赶往事故现场指挥并安排各项应急处置工作，且分别赶赴医院探视慰问受伤人员及伤亡人员亲属。同时调集全市及周边地区优质医疗资源全力救治事故伤员，尽一切可能拯救受伤者生命。截至2015年1月20日，49名伤者中已有46人经治疗后出院（包括13名重伤员中的11人），3名伤员（2名重伤、1名轻伤）仍在院治疗。通过多种渠道尽快确定伤亡人员的身份，及时向社会公众发布遇难者名单，并对出院伤者进行探访。指定专人全力以赴做好伤亡人员亲属的接待、安抚工作。通过社交媒体等途径，及时准确地向媒体和社会公众公布相关信息。

三、经验与启示

这起事件的后果极其严重，对社会造成了恶劣的影响，教训也是极其深刻的，是一起典型的公共安全责任事件。这起事件告诫我们，人民群众生命财产安全必须时刻放在我们各级政府和领导干部工作的第一位，不能有丝毫侥幸、疏忽和懈怠，必须对党和人民极端负责，竭尽所能地保护好人民群众生命财产安全，维护好城市运行安全，切实履行好党和人民赋予的神圣使命。此次事件带给我们的经验和启示是：

（一）切实落实安全责任制，进一步健全行政问责体系

要真正把安全作为不能触碰、不能逾越的高压线，切实落实安全责任制。按照"党政同责、一岗双责、齐抓共管"的要求，进一步健全行政问责体系，全面落实安全责任制，切实把安全责任逐级落实到基层、落实到岗位、落实到人头，必须做到责任划分法制化。在依法行政的环境下，必须依法对权责进行明确划分，不仅要明确各级部门、不同岗位的职能，还要对不同时间内的具体责任人进行明确规定，做到权责对等，这样才能在行政失责行为发生时按照问责程序要求进行问责，做到守土有责、守土负责、守土尽责，坚决把好每道安全关。

（二）切实加强"人为"灾害的预防与监管，进一步提升突发事件预警能力

"预防为主、预防与应急相结合"是应对突发事件的重要工作准则，将同类、相关突发事件的应急预案做精做细，使灾害预防工作贯穿于整个城市的规划与建设，统筹考虑各方面影响因素，利用一切可以利用的资源与方法，最大化地建设一座具有防灾减灾能力的综合大型城市，一旦发生对人民生命财产安全造成威胁的意外灾害，具有快速应变与响应能力。经过这起上海外滩踩踏事件，上海市要健全"谁主管、谁监测，谁预警、谁发布"的预警管理机制，针对不同突发事件，制定相关预警标准和对应响应措施。一旦灾害发生迹象显现，相关单位立即进入警戒状态，对事件走向进行相应评估，提出预警建议，按流程向上级机关报请发布预警信息。在事故发生前，合时宜的预警可以有效地避免灾害的发生。当预防与监管环节未能有效发挥作用时，事故的预警是防止事故发生的最后一条防线。

（三）切实加强应急联动，进一步增强应急反应能力

这起事件表明，"条块分割、条线分割、各自为政"依然是城市运行管理亟须破解的难题，应急主管部门在应对处置突发事件仍然遇到了沟通不畅、协调不顺、调动不了、指挥不力、应急联动效率不高等突出问题。为实现信息资源的高度共享和深度应用，提高政府统一指挥、整体应对、协同作战的应对处置效率，形成政府统一指挥、社会共同参与、各部门协调运转的应急联动管理机制，建议成立在市级应急管理委员会统一领导下的城市应急联动指挥中心。组织开展实战化应急演练，加强应急队伍训练和管理，特别是要针对人员密集场所、危险化学品、轨道交通、高层建筑等开展专项处置和救援训练及演练，确保现场处置和救援有序高效。

（四）切实加强教育培训，进一步提升全社会公共安全意识和能力

加强教育培训，培养公众的危机意识和自救能力是各级政府的一项重要工作，需要常抓不懈。要充分发挥"5·12"防灾减灾、安全生产月等公共安全宣传活动作用，充分利用现代媒体，结合多种渠道，开展公共安全知识普及和强化宣传教育，建立紧急情况下面向公众的社会动员和应急响应工作机制。要培养社会公众防灾减灾意识，重视学校对于防灾减灾知识的教育，利用多元化的宣传手段，增强青少年学生安全意识和自救、互救能力。通过在社区举办形式多样的宣传活动，加强公众对公共安全知识的学习，提高公众对于公共安全的认知。将公共安全事件应急演练进行常态化、制度化，以练促建，既可以提高公众的防灾避险知识，提升自救互救水平，还能够增强部门间的协调水平及基层组织的应急处突能力，从而在公共安全事件真正来临时做到协调有序、不慌不乱。

案例 5　厦门公交车起火事件

一、案例简介

2013 年 6 月 7 日，福建省厦门市一辆公交车在运营过程中突发火情导致整车起火，造成了严重伤亡。经调查，公安机关初步判定该起火事件为一起性质恶劣的刑事案件。事发之后国务院及公安部立刻从各部门中选出相关负责人员，并与相关专家一起组成专项工作组，火速前往厦门开展相关指导工作，工作小组于 8 日凌晨 1 时左右到达厦门。这次事件中，死亡人数为 47 人，其中包括这次案件的犯罪嫌疑人陈水总，受伤人数为 34 人。经厦门市教育局确认，此次起火事件后有 8 名考生失踪，经过 DNA 鉴定，他们已在这次事件中全部遇难。

二、案例回放

2013 年 6 月 7 日 18 时 20 分许，福建省厦门市湖里区金山街道一辆 BRT 公交车在运营过程中突发火情，起火公交车车号为闽 D-Y7396。此辆 BRT 公交车是在驶离金山站 400 多米处，从车的后门突然出现大量黑烟并伴随火光。司机在发现火情后当即靠边停车，并迅速将前后门打开以便疏散逃离，大概有三四十个人逃下了车，34 名伤员被分别送往厦门大学附属第一医院和解放军第 174 医院进行救治。厦门市安监局局长称，本次事件起火公交车产自厦门金龙公司，规定荷载人数为 95 人，实载人数约为 90 人。

6 月 7 日 18 时 45 分，火势基本被扑灭。消防员还在继续喷水，防止零星火点复燃，厦门 BRT 公交线也全部停运。

6 月 7 日 19 时，在厦门快速公交蔡塘站，高架路上起火的公交车已被烧得只剩下车架，一侧的挡板烧了大约 9 米。附近多辆公交车首尾相连，从车上拥出大批乘客，由高架向地面疏散，120 急救车、消防车、警车不停来往。

事发后，厦门市委、市政府领导第一时间赶到现场，立即启动应急预案，成立应急指挥部，并下设医疗救助、善后理赔等五个工作小组，分别负责救治受伤人员、清点伤亡人数、清理现场、对事故路段进行安全检测检查、侦查与调查取证、勘查事故原因等工作。

党中央、国务院高度重视，国务院工作组和中国公安部刑侦部门相关专家负责人于 8 日凌晨抵达厦门，与地方公安联合对案件展开侦查。通过现场调查、物证识别、访问调查和 DNA 检测的手段，锁定了犯罪嫌疑人陈水总。陈水总，男，生于 1954 年，厦门本地人，警方在其住处搜得陈水总的遗书，从遗书中可以看出陈水总是因为在现实生活中不得志，心生怨恨与不满，最终选择了放火泄愤这条不归路。

另外，国家卫生和计划生育委员会派出了 4 人医疗专家组，福建省卫生厅派出了 8 人医疗专家组，相关的解放军医院也派出了医疗专家组，针对不同的伤员的不同情况选择匹配的治疗方法，展开全面救治工作。并以"一人一组"为原则，成立多个小组开展各类善后工作。

6 月 8 日，厦门快速公交恢复运行。

三、经验与启示

警方披露证实，陈水总因自感生活不如意，悲观厌世，而泄愤纵火。个人生活遭遇挫折，就把死亡加诸于无辜市民，这是典型的反社会人格和迁怒型报复。陈水总处心积虑地策划此事，冷血残忍地点燃大火，堪称丧心病狂。针对厦门公交大火事件，我们的思索不能单单停留在谴责凶手上面，也不能过分强调社会成因而变相为凶手开脱。在试图还原犯罪嫌疑人的心路的同时，我们更应做的是对公共交通消防安全的反思和检索。厦门的 BRT 快速公交曾因其便捷通达，受到了广大市民的一致好评，但也早就有一些市民指出其中蕴藏的安全隐患：

第一，厦门 BRT 是全国首个一次成网的快速公交系统，在 2008 年 9 月正式投入运营，因其快速便捷的特点深受厦门市民的欢迎和喜爱，并逐步成为市民的主要交通方式，其客流量从初期运营的平均 2.5 万人次猛增至平均 26.5 万人次，在客流高峰期超过 30 万人次，占了厦门市公交客流总量的近 13%。BRT 公交客流量逐年增长，行驶在快速公交道上的车辆，常处于超负荷状态。尤其是上下班高峰期，客流量经常过大，一旦发生紧急情况，逃生将异常困难。此外，高架桥本身封闭，一旦有事，消防车与救护车不能从这两个站点上来，因为都是行人走的台阶，没有车道，救援车辆要绕道"第一码头站"，也就是始发站才能上来。都不能及时有效地展开救援，势必会造成严重的后果。因此必须"把预防出事的细节做好"。

第二，据乘客王兴回忆，下午六时左右，忽然听到车厢后面有乘客在喊"有人烧东西，停车"，而当时司机回了一句"得到站点才能停"。另外据别的乘客回忆，起火初期，有乘客迅速拿起逃生锤砸车窗，然而并没有砸碎。归根结底还是司乘人员消防知识和避险技能的缺乏，没有把握住逃生时机。

案例 6　昆明火车站暴恐事件

一、案例简介

昆明火车站暴力恐怖事件，是指以阿不都热依木·库尔班为首的新疆分裂势力，在 2014 年 3 月 1 日 21 时 20 分，在云南省昆明市火车站组织策划的一起严重暴力恐怖事件。该团伙全部 8 名成员（6 男 2 女），被公安机关现场击毙 4 名、击伤抓获 1 名(女)，其余 3 名成员在随后的追捕行动中落网。此次暴恐案共造成 31 人死亡、141 人受伤。

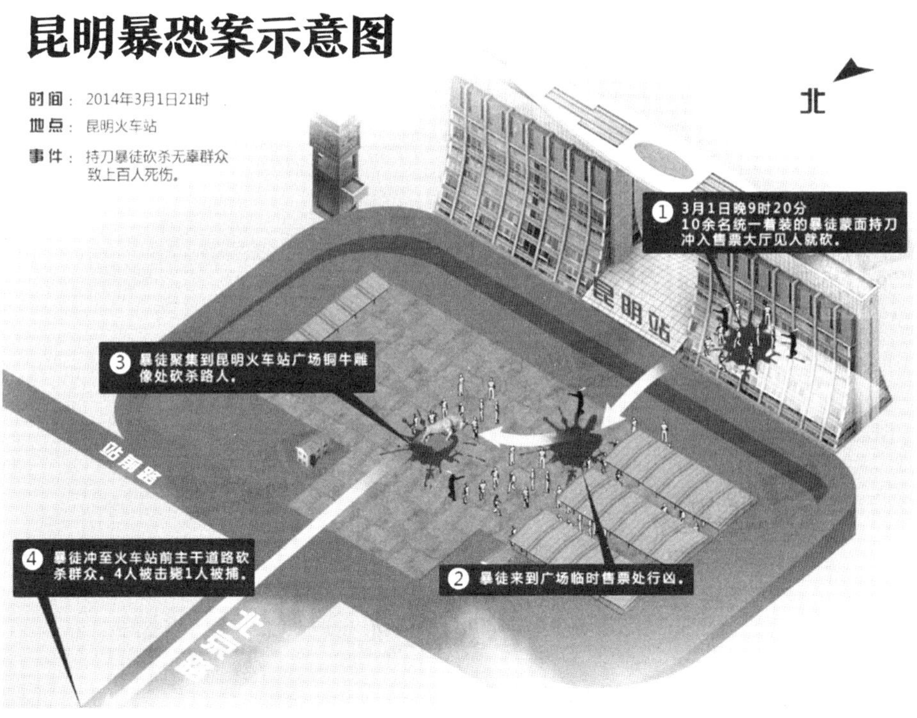

昆明暴恐案示意图

时间：2014年3月1日21时
地点：昆明火车站
事件：持刀暴徒砍杀无辜群众
　　　致上百人死伤。

北

① 3月1日晚9时20分
10余名统一着装的暴徒蒙面持刀
冲入售票大厅见人就砍。

昆明站

③ 暴徒聚集到昆明火车站广场铜牛雕
像处砍杀路人。

站前路

④ 暴徒冲至火车站前主干道路砍
杀群众。4人被击毙1人被捕。

北京路

② 暴徒来到广场临时售票处行凶。

图 4—6　暴恐事件现场示意

（图片来源：腾讯新闻）

二、案例回放

（一）案发过程

2014 年 3 月 1 日 21 时许，一伙男子持械冲入昆明火车站广场、售票厅，对过往人员进行攻击，现场有人员伤亡。

3 月 1 日 22 时许，警车赶赴昆明火车站现场，进行紧急处置，并对永平路至火车站路段实行紧急交通管制。最终，暴徒被警察制服，120 正在抢救伤者。

3 月 1 日 23 时许，据现场躲避者说述，暴徒成员被指不仅有男性，还有小姑娘。事件发生后，铁路指挥中心安排原本应驶抵昆明站的火车至其他站点临时停靠，昆明火车站售票、进站秩序得以陆续恢复。

3 月 2 日 0 时许，公安部发表声明称：本次持刀砍人事件，是令人发指的严重暴力犯罪行为，警方将坚决依法严厉打击此种行为。

3 月 2 日 0 时 16 分，昆明市全部警力全城戒备。

3 月 2 日 1 时许，受国家主席习近平和国务院总理李克强委派，中央政法委书记孟建柱赶赴云南昆明指导处置工作。

3 月 2 日 1 时 39 分，昆明火车站袭击事件被定性为"暴力恐怖袭击事件"。

3 月 2 日 5 时许，受伤群众被安置在 10 多家医院，昆明火车站秩序基本恢复正常（火车站当晚各车次均已发出）。

3 月 2 日 6 时，据统计，昆明火车站广场暴恐事件已造成 29 人死亡、130 余人受伤。

3 月 2 日 7 时许，新华社发表声明："昆明 3·01 事件"事发现场证据表明，这是一起由新疆分裂势力一手策划组织的严重暴力恐怖事件。

3 月 2 日 9 时许，正在外地调研的公安部部长郭声琨赶到昆明指导应急处置工作。

　　昆明火车站发生暴恐事件后，公安部迅速启动应急预案，并立即调集有关专家随中央工作组连夜赶赴昆明进行处置。据警方介绍称，1 名女性犯罪嫌疑人被成功抓获，并成为侦破案件的关键证据。联合国秘书长潘基文发表声明表示，对当天发生在昆明火车站的"令人震惊的"袭击事件致以最强烈的言辞谴责。

　　3 月 2 日 13 时许，据警方人员提供的伤者家属笔录显示，暴恐袭击歹徒中一名女子 30 岁左右，身高 1.65—1.70 米，身穿黑色衣服，头戴黑色丝巾；一名男子 30 岁左右，身高 1.70 米左右，中长头发，微胖，身穿灰色衣服。

　　3 月 2 日 15 时 25 分，在警方的全力搜捕下，三名脱逃歹徒在昆明市尚义街被抓获。

（二）案件处置

　　2014 年 3 月 1 日 21 时 17 分，云南省急救中心接到呼救电话后，立即调度救护车辆和医护人员，于 21 时 28 分到达现场；此次救援共出动救护车辆 13 辆次、医护人员 80 人次。

　　3 月 2 日，云南省、昆明市成立以医院院长为组长的救治专家组，组织急诊创伤外科、骨科、麻醉手术科、口腔颌面外科、胸外科、肝胆外科、普外科、ICU、耳鼻喉科、神经外科、眼科、输血科、医务科、保卫科等科室医务人员积极进行抢救。根据伤员救治工作的实际需要，国家计生委紧急调派北京协和医院、北京天坛医院、北京大学第三医院和四川大学华西医院的 9 名医疗专家，赴昆明指导伤员救治工作。同时，昆明市政府承诺将承担所有伤者的医疗救治费用及家属陪护费用。

三、经验与启示

昆明火车站暴恐事件警示我们，全国各地各部门，特别是人群聚集的公共场所如民航、公路铁路、水运系统、地铁及其他高风险点，要高度警惕并防范此类极端暴恐袭击事件发生。同时，还需高度重视对因社会矛盾加剧而出现的个人极端暴力事件风险的防范与控制。此次昆明火车站暴恐事件给我们的启示和经验有：

（一）高度重视把反恐制暴列入各地各相关部门的风险与危机管理议程

由于多种原因，国际恐怖主义已向世界扩散。各种恐怖组织异军突起，其极端恐怖行径引起世界共愤。国际恐怖主义已是世界公敌，国际联合反恐已成各国共识。目前，各国已采取联合反恐行动，但要根除恐怖主义仍任重道远。因此，要加强国际间反恐情报合作，更要加强国内各专业机构间的信息共享与交流，实现国内外暴恐情报及信息快速共享与研判，真正形成合力，从而提醒有关部门及早采取有效手段防止暴恐活动的发生。

（二）切实加强基层一线反恐制暴专业训练、知识普及与能力提升

要建立并完善反恐制暴指挥体系和组织协调体系，并开展基础防控工作，加强出警的统一行动与快速处置，提升基层一线反恐制暴能力。现阶段，各地各有关部门虽已逐步加强对一线公安干警的反恐制暴设备配置及专业培训，但力度及效果还远未达标，还需重视加强一线安保人员的装备建设和能力提升。更为重要的是，应特别重视对普通民众进行暴恐防范知识的普及和教育，教育普通民众掌握现场自救互救技能，确保意外事件发生时，可以有效保护自己与他人，减少在暴恐事件中的损失。

（三）完善反恐立法，为反恐制暴提供法律保障

针对如今严峻的反恐形势，美、俄、英、法、日等国已陆续建立并实施了反恐法规体系。我国在 1997 年的新刑法中首次将恐怖组织作为专门的规范对象提出，2011 年全国人大常委会通过的《关于加强反恐怖工作有关问题的决定》，是我国首个专门针对反恐的法律文件。现阶段，《刑法》仍是我国反恐的主要法律依据，作为一种威慑法，《刑法》可以解决反恐行为入罪的问题，但《刑法》却是将恐怖活动犯罪分散列于其他犯罪中（如危害公共安全、国家安全罪等），并没有明确规定恐怖活动、行为、组织及罪名等问题。而目前严峻的反恐形势，要求我国完善反恐立法，为反恐制暴提供法律保障。另外，我国还需出台明确的法律规范和使用指南手册，加强警察规范配枪用枪，实现配枪巡逻常态化，提高警察持枪巡逻的见警率，确保暴恐违法犯罪行为发生时，人民警察可以及时、有效地制止和打击，维护国家安全和社会稳定。

（四）科学有效地运用新媒体资源开展危机沟通与舆论引导

知情权是法律赋予公民的一项基本权利，政府信息公开是社会发展的必然趋势。政府信息公开不仅仅是对政策文件的简单发布，更重要的是准确把握公众对信息的需求，对于民众关心的社会问题，在第一时间由权威部门进行发布，在满足公众信息需求、解疑释惑的同时，减少谣言滋生空间。特别是在暴恐事件发生后，政府可以充分利用新媒体资源及时向社会传达事件的最新进展，确保公民知情权的同时，还克服了风险信息不能有效共享的困境。当然，确保危机信息及时有效沟通的同时，还需注意避免走向完全公开的另一极端。因为，暴恐分子也是信息公开受众的一部分，政府将事件进展完全曝光有时也会产生副作用。因此，需要充分利用好新媒体资源，就暴恐事件对群众进行科学有效的信息共享和适当的舆论引导。

案例 7　美国弗吉尼亚理工大学校园枪击事件

一、案例简介

北京时间 2007 年 4 月 16 日 19 时 15 分（当地时间 7 时 15 分），美国弗吉尼亚理工大学发生恶性校园枪击案。该次枪击案令美国举国震惊，经调查，制造这起惨案的是 23 岁韩国籍男子赵承熙，系弗吉尼亚理工大学英语系四年级学生。该起案件的根源在于作案者因身为移民受歧视以及失恋的扭曲心理，其他原因主要有：（1）第一次枪击发生后，校园没有及时关闭；（2）面对枪击案校方应对不力；（3）枪支泛滥导致枪击案频发。

图 4—7　美国弗吉尼亚理工大学校园枪击事件示意图

（图片来源：网易新闻）

该起事故最终共计造成 33 人死亡，多人受伤，且枪手本人开枪自尽，此次校园枪击案中遇害的 32 名学生和教师的最终每户均获赔 18 万美元。该事件为美国历史上最严重的枪击事件。

二、案例回放

2007 年 4 月 16 日 7 时 15 分，凶手先在一幢宿舍楼里开枪，打死 2 人，打伤多人。

4 月 16 日，赵承熙在宿舍楼内杀死 2 人后，向美国全国广播公司(NBC)邮寄了 28 段录像、23 页书面声明和 43 幅照片，录像中包含其"仇视富人"和扬言报复的语句，照片为其持刀端枪的暴力形象。

4 月 16 日 9 时许，距宿舍楼约 800 米远的一幢教学楼内又响起枪声，凶手在打死 30 人、打伤 10 多人后自杀。

4 月 16 日上午，第二次枪击爆发后，校方多次发送电子邮件警告，包括警告校内有"一名游荡的持枪歹徒"、通知"所有课程暂时停止"。

4 月 16 日中午，校方及警方紧急疏散滞留在校区内的人员。

4 月 16 日下午 12 点 15 分，弗吉尼亚理工大学举行新闻发布会，其校长发表声明："一次令人震惊的悲剧"。

4 月 16 日，美国联邦调查局（FBI）已经派员火速介入，与当地警方协同紧急处理。

4 月 16 日，枪击案调查小组对理工大学在枪击案发生前后所采取的措施提出严厉批评，认为校方如果采取得当措施，会挽救一些人的性命。

4 月 17 日，美国政府通报韩国外交通商部疑凶可能为韩国裔学生。韩政府立即启动应急机制，以韩美关系、侨民利益、国家形象为重点，在事发后的两天内采取了一系列紧急措施。

4 月 17 日，美国有关方面在弗吉尼亚理工大学为枪击事件中的遇难者举行悼念仪式。时任美国总统、弗吉尼亚州州长、相关政府官员以及该校师生数千人参加了悼念活动。

4月20日，制造美国弗吉尼亚理工大学校园枪击案凶手赵承熙的家人发表了公开道歉声明。

4月23日，美国弗吉尼亚理工大学正式复课，差不多所有的中国学生与教职员工已返校学习工作。

4月29日晚，在弗吉尼亚州州长办公室举行的电话会议上，受害者家属对大学官员在第一次枪击案发生后没有采取"一级防范禁闭"措施深表"失望"，对报告中没有要求解雇相关官员也提出了批评。

8月15日，弗吉尼亚理工大学表示，在该次校园枪击案中遇害的32名学生和教师的家庭每户将获得赔偿18万美元。所有的赔偿金都来自枪击案发生后由学校创立的一个纪念基金。该基金在事后一共收到私人捐款共计795万美元。

图4—8　枪击案现场

（图片来源：美国有线电视新闻网）

三、经验与启示

2007 年 4 月 16 日发生在美国弗吉尼亚理工大学的枪击案震惊了世界，33 位青年学子惨死在移民学生赵承熙的枪口下，影响恶劣，教训深刻。虽然中美两国国情不同，但该事件仍然给我们敲响了警钟，它从侧面反映出校园危机管理的严重缺失和不足。因此，我们可以着重从以下三方面加强校园危机管理，并建立科学有效的危机预防及应对机制。

（一）建立严密的安全保卫系统

学校人员高度密集，作为一个开放的系统，具有较多的危险因素，因此学校很有必要建立严密的安保系统。比如，在学校教学楼、学生宿舍楼、餐厅、进出校园的交通路口、停车场等重点部位安装智能化的视频监控系统，实施 24 小时的录像监控。发现问题后，立即调度保卫人员前往处理，提高工作效率；在校园周围设立防护围栏，避免犯罪行为发生。同时，着重培训高素质安保人员，使其具备迅速有效处理各种危机的能力。

（二）建立有效的信息沟通机制

在弗吉尼亚理工大学校园枪击案中，第一起枪案发生后，学校仅通过邮件警告学校成员，不利于校园人员及时采取相应有效的防范措施，最终在第二起枪击案后导致 32 人死亡和多人受伤。除此以外，凶犯赵承熙此前出现心理问题，未能及时反馈到学校相关机构，且学校没有引起足够的重视。因此，学生与教师之间、师生与学校之间有效的信息沟通机制非常重要。与此同时，学校应建立相应的完备而有效的信息处理机制，及时对危机各方面信息进行有效梳理和分析，以便校方或相关部门及时发现问题并尽早采取有效措施。

（三）建立科学的危机预防机制

校园恶性案件发生之前通常会显示很多征兆，通过这些征兆可以有效提高校园学生及工作人员的防范意识，同时也可以及时帮助那些有暴力倾向的学生解决行为和心理上的问题。而风险评估可以有效发现危机出现的征兆。由此学校可快速辨认可能发生的危机事件，以及危机来源、性质和特征，并对各种危机发生的概率和可能造成的影响后果等进行评估，从而为恶性案件的预防管理提供依据。在此基础上，还可以成立危机防治小组、制定危机反应计划，积极调动各方面的人力、物力资源，有效进行资源整合，以便能在事件发生后的最短时间内做出正确的反应，从而降低损失。

案例 8 美国"棱镜门"事件

一、案例简介

棱镜计划,由美国国家安全局自 2007 年起开始实施的绝密电子监听计划,代号"US-984XN"。在美国以外地区使用棱镜计划内服务的客户和与国外通信的美国公民都会受到监控。棱镜计划监听的内容包括数据电子邮件、视频和语音交谈、影片、照片、交谈内容、档案传输、登入通知,以及社交网络等即时通信信息和既存资料。

2013 年 6 月,英国《卫报》和美国《华盛顿邮报》收到前中情局职员

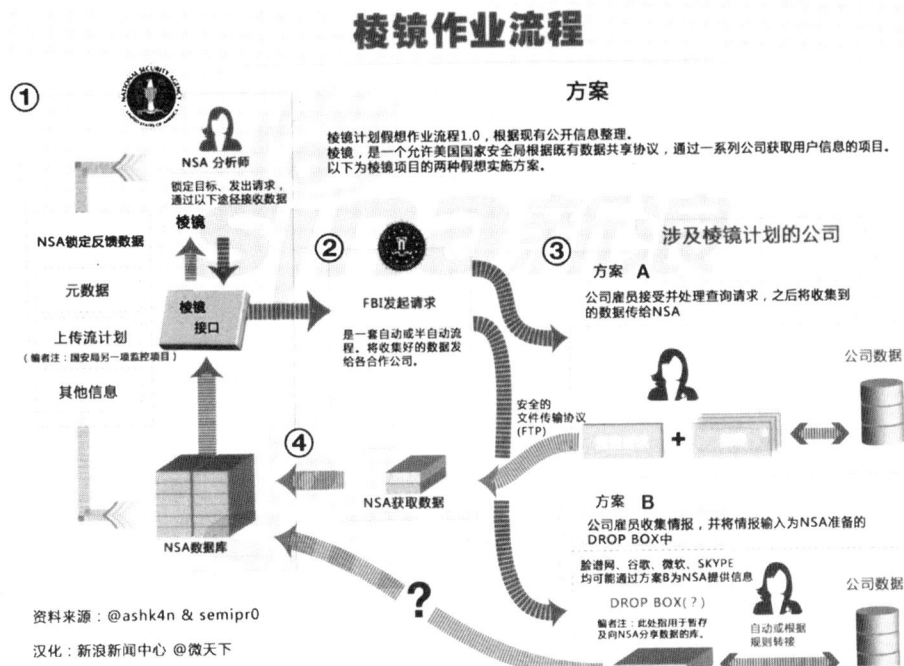

图 4—9 美国"棱镜"监控项目图解

（图片来源：新浪网）

爱德华·斯诺登的两份绝密资料，并按其计划发表。6月5日，英国《卫报》曝光美国国家安全局"棱镜"项目，每天数百万用户的通话记录被电信巨头威瑞森公司上交国安局。6月6日，美国《华盛顿邮报》披露更多细节，美国公民的电子邮件、聊天记录、视频及照片等秘密资料在过去6年间，被联邦调查局和美国国家安全局通过进入雅虎、微软、谷歌、苹果等公司的服务器进行监控。美国舆论随之哗然。

二、案例回放

2013年6月5日，英国《卫报》先扔出了第一颗舆论炸弹：美国国家安全局有一项代号为"棱镜"的秘密项目，要求电信巨头威瑞森公司每天上交数百万用户的通话记录。

6月6日，美国《华盛顿邮报》披露，过去6年间，美国国家安全局和联邦调查局进入微软、谷歌、苹果、雅虎等九大网络巨头的服务器，监控电子邮件与聊天记录等。

6月7日，涉案网络公司强烈否认参与"棱镜"计划，某位负责人在一份声明中称，该公司从没有参与过"棱镜"计划，也没有给予任何政府谷歌服务器的直接入口。

6月7日，美国总统奥巴马公开承认该计划，但强调这一项目不针对美国公民或在美国的人。

6月9日，斯诺登接受英国《卫报》和美国《华盛顿邮报》的视频采访，向全球公开自己身份，称"良心上无法允许美国政府侵犯全球民众隐私和互联网自由"。

6月10日，负责司法、人权和公民事务的欧盟委员雷丁致信美国司法部长，要求就"棱镜"计划作出答复，并称该计划可能给欧盟公民权利带来严重后果。

6月11日，美国众议院议长博纳指责斯诺登为"叛国者"，国会两党与白宫罕见地步调一致。同时，白宫请愿网上要求赦免斯诺登的签名已达2万多个。

6月11日，俄罗斯媒体援引总统新闻发言人佩斯科夫的话说，若斯诺登向俄提出政治避难申请，俄政府将予以考虑。

6月12日，斯诺登接受《南华早报》采访，称美多年来一直监视中国大陆和香港地区网络信息，并对自己将香港作为避难地的选择没有丝毫怀疑，"我希望让香港的法院和人民决定我的命运"。

6月12日，硅谷数家高科技公司向联邦当局发出请求，希望当局允许公布有关国家安全局秘密监听这些公司互联网用户资讯的相关细节。

6月13日，美国联邦调查局（FBI）局长罗伯特·米勒表示，FBI已经开始对斯诺登展开刑事调查，这是美国官方首次证实已对斯诺登采取行动。

6月13日，国会众议院情报委员会主席迈克·罗杰斯在一次内部会议后暗示，斯诺登可能与中国政府"合作"，妄图宣扬中国威胁论。

6月14日，脸谱公司披露，2012年下半年，美国政府要求该公司提供用户信息1万次，涉及1.8万名用户。

6月14日，微软披露，在2011年下半年接到美国各级政府部门发出的6000至7000次用户资料索取要求，涉及用户多达3.2万个。

6月14日，英国内政部告知多家航空公司，拒绝斯诺登乘坐前往英国的航班。香港国际机场管理局说，尚未收到有关禁止斯诺登登机的指示。

6月15日，美国彭博新闻社称，上千家科技、金融和制造业公司正与美国国家安全部门紧密合作，向其提供敏感信息，同时获得机密情报。

6月15日，香港特区行政长官梁振英发表声明说，在斯诺登一事上，特区政府将按香港的法律和既定程序处理，特区政府亦会跟进香港人私隐被侵犯的事件。

6月19日，维基解密发言人克里斯丁·拉芬森在冰岛报纸的一个专栏中说，一名中间人接触他，请他告诉冰岛政府斯诺登寻求庇护。

6月23日，中国香港特别行政区政府就斯诺登事件发表声明，称斯诺登已自行循合法和正常途径，离开中国香港，前往第三国。

6月24日，据外媒报道，美国国安网络窃听行为泄密者斯诺登正式向拉丁美洲国家厄瓜多尔寻求庇护。

7月1日，设在莫斯科谢列梅捷沃机场的俄罗斯外交部领事机构证实，美国"棱镜门"事件揭秘者斯诺登已通过该机构向俄罗斯提出政治避难请求。

7月12日，斯诺登在莫斯科谢列梅捷沃机场与多名人权组织代表会谈，并向俄提出庇护申请。

8月1日，斯诺登离开莫斯科机场，获得了有限期为一年的俄罗斯临时难民身份。

三、经验与启示

"棱镜门"事件，中国是其中重点关注的对象之一，国家机关、重点企业、国家高校等，都在监视范围内，我国的信息安全受到了巨大的威胁。如今世界，信息技术和传播媒介越发达，个人隐私被披露的可能性也就越大，我们也应从中获得警示，借此次事件思考重视网络通讯的隐私保护，加强国家信息安全的保护力度，提升我国公民的信息安全意识，不可让他国威胁自身安全。

（一）建设自主可控信息安全设施

我国各级政府采购了大量的国外 IT 设备，一方面，软件类产品可能被预置"后门"程序，本身也可能带有容易被攻击的漏洞；另一方面，计算机、路由器等硬件产品所携带的操作系统、芯片等也存在安全风险。目前，中国在主机、网络设备、安全设备和云计算等方面对国外的依赖度很高。我国关键应用主机系统主要依赖进口，目前已建的重要信息系统几乎均为外国品牌，包括操作系统、数据库、中间件也基本在美国企业控制之下。美国依靠自己的路由器、交换机、主机设备、操作系统等信息系统关键核心部件，几乎控制了中国互联网的咽喉，国内 80% 以上的信息流量，都经过它的产品计算、传输和存储。包括政府、海关、金融、教育、铁路、航天等系统，信息自主化水平都不高。而中国电信和中国联通的骨干网络、四大国有银行的数据中心，大部分都采用国外公司的产品。

"棱镜门"事件进一步证明了国家大力推行信息化"自主可控"的必要性和紧迫性，国家应从战略层面认知和规划中国在全球网络空间的利益，加强统筹规划和我国网络信息安全体系顶层设计，整合并提升中国的技术能力，进一步提高对我国的基础网络和重要信息系统安全保障水平，建设自主可控安全设施。

（二）制定完善信息安全法律法规

只有掌握了有力的法理依据，国家才能更好地行使在网络空间的管辖权。针对"棱镜门"事件，未来要努力改进的不只是某个点上的技术措施，还有综合安全能力的提升。应尽快出台国家整体战略，通过政策法规、技术建设、产业发展、外交战略等各方面的明确与配合，才有可能从根本性的角度使问题有所改善。只有通过制定和完善相关的政策、法规、制度，才能在网络安全基础设施建设中，在软硬件的服务应用过程中，在与国家利益安全相关联的跨境数据流动中，运用法律作为保障。现阶段，我国应通过灵活利用国际规则和国际惯例，完善信息安全产品审查和政府采购的立法、政策、机制和手段，提高国外产品入境尤其是进入核心部门的门槛，通过行政手段和市场激励在社会全面推广安全意识教育，营造环境，推动国产基础软件的市场化和普及化，逐步拓展国产软硬件的市场占有率。

参考文献

中国天气网:《天气灾害大事件第 23 期:北京"7·21"特大暴雨》,http://www.weather.com.cn/zt/kpzt/696656.shtml,2012。

南方周末编辑部:《"北·漂":北京暴雨 36 小时》,http://www.infzm.com/content/78946,2012。

郭雪梅、任国玉、郭玉喜等:《我国城市内涝灾害的影响因子及气象服务对策》,《灾害学》2008 年第 23 期。

刘再春:《城市应急管理体系如何应对突发大暴雨——以 7·21 北京特大暴雨为例》,《城市与减灾》2014 年第 1 期。

姜付仁、姜斌:《北京"7·21"特大暴雨影响及其对策分析》,《中国水利》2012 年第 15 期。

新华网:《汶川特大地震特别报道》,http://www.sc.xinhuanet.com/topic/2008dz/index.htm,2008。

李华强、范春梅、贾建民等:《突发性灾害中的公众风险感知与应急管理——以 5·12 汶川地震为例》,《管理世界》2009 年第 6 期。

赵园园:《"5·12"大地震与政府应急管理》,《中国应急管理》2008 年第 7 期。

张强、陆奇斌、张秀兰:《汶川地震应对经验与应急管理中国模式的建构路径——基于强政府与强社会的互动视角》,《中国行政管理》2011 年第 5 期。

王宏伟:《汶川地震应急救援的成功经验及对完善我国应急管理的启示》,《防灾科技学院学报》2009 年第 11 期。

中国天气网：《天气灾害大事件第 10 期：2008 年南方罕见雨雪冰冻灾害》，http://www.weather.com.cn/zt/kpzt/229278.shtml，2008。

胡爱军、李宁、祝燕德等：《论气象灾害综合风险防范模式——2008 年中国南方低温雨雪冰冻灾害的反思》，《地理科学进展》2010 年第 29 期。

王凌、高歌、张强等：《2008 年 1 月我国大范围低温雨雪冰冻灾害分析　I. 气候特征与影响评估》，《气象》2008 年第 34 期。

赵琳娜、马清云、杨贵名等：《2008 年初我国低温雨雪冰冻对重点行业的影响及致灾成因分析》，《气候与环境研究》2008 年第 13 期。

张海波、童星：《应急管理创新：分化、前延与转向——以日本"3.11"大地震为案例》，《湖南师范大学社会科学学报》2012 年第 41 期。

刘亚娜、罗希：《日本应急管理机制及对中国的启示——以"3.11 地震"为例》，《北京航空航天大学学报：社会科学版》2011 年第 24 期。

周宝砚：《试析日本自然灾害治理的若干举措：以日本 3·11 大地震为例》，《中国公共安全：学术版》2011 年第 2 期。

张永春：《日本大地震应急救援启示录》，《中国应急救援》2012 年第 4 期。

熊贵彬、柴定红：《中美灾害救助体制比较——以汶川地震和卡特里娜飓风为例》，《华东理工大学学报：社会科学版》2009 年第 24 期。

徐富海：《新奥尔良完善应急转移计划》，《中国减灾》2010 年第 13 期。

国家发展改革委外事司：《美国应急反应体系在卡特里娜飓风中暴露出的问题及启示》，《中国经贸导刊》2005 年第 19 期。

张卫平、杨莲珍：《军队参与救灾的实践与思考——以美国军队参与"卡特里娜"飓风救灾为例》，《中国减灾》2006 年第 3 期。

新华网：《东方之星沉船》，http://www.xinhuanet.com/politics/dfzxklfc.htm，2015。

新华网：《"东方之星"号客轮翻沉事件调查报告公布》，http://news.xinhuanet.com/2015-12/30/c_1117630561.htm，2015。

光明日报：《"东方之星"号客船翻沉事件报道中的知识传播》，《光明日报》2015 年6 月 10 日。

雷海：《"东方之星"轮沉没事故对水上客运安全的警示》，《水运管理》2015 年第 37 期。

尚全民、褚明华、许弟兵等：《"东方之星"号客轮翻沉事件水利应急处置实践》，《中国防汛抗旱》2016 年第 26 期。

新华网：《尼泊尔地震》，http://www.xinhuanet.com/world/tfsj11/index.htm，2015 年。

王巍、陈虹：《尼泊尔地震灾害及应急救援》，《国际地震动态》2015 年第 5 期。

曲国胜、赵明、杜晓霞等：《关于尼泊尔 8.1 级地震救援与恢复重建工作的思考与意见》，《中国应急救援》2015 年第 4 期。

念群：《雪域高原见证"中国速度"——"4·25"尼泊尔地震西藏灾区救灾物资紧急调运》，《中国减灾》2015年第12期。

新华网：《智利森林火灾致数千人疏散》，http://news.xinhuanet.com/world/2015-03/15/c_127581037.htm，2015。

新华网：《天津市滨海新区12日晚发生爆炸》，http://news.xinhuanet.com/video/sjxw/2015-08/13/c_1116234376.htm，2015。

人民网：《聚焦天津滨海新区危险品仓库爆炸公众关切》，http://politics.people.com.cn/n/2015/0814/c70731-27459662.html，2015。

新华网：《天津港爆炸事故调查报告公布》，http://news.xinhuanet.com/yuqing/ 2016-02/06/c_128708029.htm，2016。

刘怡君、陈思佳、黄远等：《重大生产安全事故的网络舆情传播分析及其政策建议——以"8·12天津港爆炸事故"为例》，《管理评论》2016年第28期。

曾令义：《政府危机管理问题及对策——基于天津港爆炸事故的分析》，《人民论坛》2015年第35期。

李永忠：《从天津港"8·12"爆炸事故看地方政府治理中亟待解决的三个明显缺陷》，《人民论坛》2015年第25期。

新华网：《山西襄汾"9·8"尾矿库溃坝事故原因初步查明》，http://news.xinhuanet.com/politics/2008-09/12/content_9935857.htm，2008。

中华网：《山西襄汾尾矿库溃坝事故已造成128人死亡》，http://news.china.com/zh_cn/domestic/945/20080910/15081026.html，2008。

闪淳昌、张振东、钟开斌等：《襄汾"9·8"特别重大尾矿库溃坝事故处置过程回顾与总结》，《中国应急管理》2011年第10期。

新华网：《环保部：三大原因造成紫金矿业污染事故》，http://news.xinhuanet.com/fortune/2010-07/16/c_12340144.htm，2010。

人民网：《紫金矿业污染事件：官商复杂关系使监管很难到位》，http ://politics.people.com.cn/GB/14562/12203014.html，2010。

人民网：《紫金矿业重大环境污染事故被罚3000万元》，http://finance.people.com.cn/n/2013/0619/c1004-21889719.html，2013。

周伟：《紫金矿业环境事故的启示》，《环境经济》2011年第8期。

新华网：《王家岭矿"3·28"透水事故救援全纪录》，http://news.xinhuanet.com/politics/2010-04/11/c_1227330.htm，2010。

李湖生，刘铁民：《从"3·28"王家岭煤矿透水事故抢险救援反思中国事故灾难应急准备体系》，《中国安全生产科学技术》2010年第6期。

《劳动保护》编辑部：《2010年特别重大事故及职业病事件回顾》，《劳动保护》2011

年第 1 期。

央广网:《台湾新北一游乐园发生粉尘爆炸逾百人烧伤》,http://news.cnr.cn/native/gd/20150627/t20150627_518982888.shtml,2015。

人民网:《台湾新北水上乐园发生粉尘爆炸》,http://tw.people.com.cn/GB/26741/397173/index.html,2015。

靳鑫、李思琦、王新华等:《由台湾新北"6.27"粉尘爆炸事故探讨彩跑粉爆炸特性及事故原因分析》,《消防界:电子版》2016 年第 5 期。

中国科技网:《台湾粉尘爆燃事故孰之过》,http://digitalpaper.stdaily.com/http_www.kjrb.com/kjrb/html/2015-06/29/content_308190.htm?div=-1,2015。

新华网:《河南养老院大火致 39 死 31 人被司法机关采取措施》,https://www.baidu.com/。

后　记

书稿完成之时，我所在的城市——武汉，刚刚经历了"7·7"特大暴雨洪涝，水漫武汉之后，我们痛定思痛，面对突发事件，我们真的无能为力吗？放眼望去，原来不止武汉，南京、石家庄、郑州等省会城市也未能幸免。暴雨所到之处，整个城市都面临着交通瘫痪、人们生活受限、基本生活条件设施受损等城市生命线的挑战。作为从事公共安全与应急管理研究的一名科研工作者，我该怎么做？静下心来，我认真思考着人类该如何防灾减灾，各级政府、企业、科研工作者和广大人民该如何各司其职，构成一个全社会的、有效的立体防灾减灾体系。我想，这就是我们团队——武汉理工大学中国应急管理研究中心宋英华教授团队接下来要完成的研究工作重点。

"千里之行，始于足下"，历时半年的书稿出炉了。看到书稿，感慨万千。我是个不善言辞之人，所以唯恐词不达意，总觉得一个人如果能够通过文字准确表达自己的想法，是一件多么幸福的事情！我深知其中的不易，所以特别感谢在书稿的编写工作中给予无私帮助的每一个人，衷心感谢武汉理工大学中国应急管理研究中心宋英华教授团队的同事、博士和硕士在资料收集整理、文字梳理、校对等方面给予的帮助，谢谢你们！

方丹辉

2016 年 8 月 9 日